奇幻不思議！

揭開傳說中亞人種的神祕面紗

序

請您先想像一下自己喜歡的亞人種（Demi-human）。

此刻浮現在腦海裡的，是美麗高貴的精靈、強壯又頑固的矮人、抑或是其他種族呢？

原本僅在神話或傳說裡稍微露面的亞人種，激發了創作者的想像力，繼而將形形色色的亞人種融入在自己的作品當中。

《魔戒》的作者約翰·羅納德·瑞爾·托爾金（John Ronald Reuel Tolkien），更是創造了哈比人（➡一百五十頁）這支完全原創的種族，並一手打造出其獨特的文化、歷史、風俗等背景設定。

這些人類所缺乏的特殊能力與身體特徵，正是架構這類故事時的一大魅力要素吧！

因此，時至今日，亞人種的數量仍持續不斷地增加。這句話不單是指全新的種族。

舉全世界最有名的亞人種——精靈為例，他們的模樣會依作品或時代的不同而有所差異。有多少人想像，就有多少種版本，這麼說一點都不為過吧！

對於讀者來說，則可以透過見識各式各樣的亞人種與接觸他們的異種文化，來獲得猶如在陌生土地上見到未知美景時的感動。

本書以「奇幻人種（Fantafic Human）」為題，從世界各地的神話與傳說、先人口耳相傳，以及近代創作裡挑選出具代表性的亞人種為各位一一介紹。

前面四大章共列舉出四十二種亞人種，文中除了介紹發祥與由來外，也會說明目前我們對該亞人種抱持的印象是源自何時、何處。

至於書末的小事典，則介紹如「拉彌亞」、「斯庫拉」這類算不上亞人「種」，但在部分創作中被視為種族的亞人。小事典裡除了神話傳說中的亞人種外，亦收錄創作世界裡的亞人種，藉由這些資料推想那些奇幻世界裡的亞人種原型應該也十分有趣。

最後，請您再一次……。

想像自己喜歡的亞人種。

本書的解說內容僅是世人對於該亞人種的普遍看法而已。

他們的魅力會隨著您的想像，或是於心中按自己的喜好勾勒出的模樣而增加。今後他們依然會是我們的好友、心愛之人、值得信賴的夥伴，或是不共戴天的敵人吧！

接下來，歡迎進入異形鄰人所居住的亞人種世界。

總目次

近代的亞人種

專欄

本書的閱讀方式

本書《奇幻不思議！揭開傳說中亞人種的神祕面紗》分為大事典與小事典，介紹各式各樣的亞人種。

大事典介紹的是全球神話與傳說裡的亞人種、現實中留有目擊報告的亞人種，以及創作世界裡的亞人種。書末的小事典則簡單介紹未能收錄在大事典裡的亞人種資料。

在此為各位說明大事典的閱讀方式。

凡例與注意事項

關於符號的用法

內文中的符號意思如下：

《》、〈〉……做為出處的書名、資料

「」……其他特殊用語、台詞等

關於亞人種的名稱

本書介紹的亞人種，可能因出處的語言或譯法不同而使名稱出現若干差異。本書則採用較廣為一般所知的譯名，或是按出處的讀法音譯。

亞人種資料的閱讀方式

亞人種名：
亞人種的名稱。基本上與插圖上方的名稱相同，有時也會出現男女名稱不同，或是以較知名的稱呼標示之情況。

拼法：
亞人種名稱的拼法。

出處：
作為出處的神話名稱或書名。

分布地區：
該亞人種居住的地區或留下傳說的地點。

【亞人種名】精靈
【拼法】Elf、Alfr
【主要出處】北歐神話、《魔戒》等
【分布地區】亞爾夫海姆、中土世界等地

所謂的亞人種（Demi-human）

本書的主題——亞人種，是指模樣近似人類，卻與人類不同的人種。而日文的「亞」字用來表示「僅次於○○」，因此亞人種亦可解釋為近似人類的次等人種。

實際上，在日本現今的創作中，有不少作品將亞人種設定為地位比人類低的人種。

根據外觀特徵，亞人種大致可分為以下三類：

・模樣與人類相同，卻無法歸類為人類者
・模樣幾乎與人類相同，但具有其他身體特徵者
・人形的異種生物

接下來就為各位簡單說明這些特色與所屬的亞人種。

・模樣與人類相同，卻無法歸類為人類者

這類亞人種的外觀與人類一模一樣，但是具備人類所沒有的特色。著名的有身軀龐大的巨人（➡三十二頁），以及個子矮小但擁有製造神靈武器之技術的矮人（➡二十頁）。

或許是模樣近似人類的緣故，神話與傳說裡有不少相關資料，出現在近代創作裡的頻率也很高。即便是對奇幻文學不甚熟悉的人，應該也能立即想到他們的特色。此外，也有像亞馬遜人（➡四十四頁）這種跟人類女性沒有兩樣，卻因為該族文化以及全

法國小說《巨人奇遇記》中，巨人龐大固埃的插圖。巨人可說是外觀與人類相同的亞人種中，最廣為人知的種族。

員皆為女性的奇特性，而被視為亞人種的情況。

・模樣幾乎與人類相同，但具有其他身體特徵者

像半人馬（↓五十二頁）這種人＋其他生物的類型，以及只有一隻腳的獨腳人（↓一百二十二頁）這類某部位有缺陷或異常發達的人形種族就屬於這一類。

異於人類的部位多半近似其他生物，例如兼具魚類與人類要素的崔坦（↓六十八頁），其特徵就是全身皮膚被覆著鱗片。

此外，當中也有活用特殊部位而使生活形式獨具特色的亞人種。比方說，獨腳人會以巨大的腳當作陽傘遮擋陽光。

・人形的異種生物

一如人類是由猿猴進化而來，像龍人茲梅（↓八十頁）或蜥蜴民（↓一百九十四頁）這些外觀猶如其他生物進化為人形的亞人種就屬於這一類。

除了擁有雙手、以雙腳行走這幾點外，這類亞人種少有外觀上的共同點。他們的生態大多接近原型生物，比方說龍男（↓一百九十頁）就繼承了西洋龍的卵生特性。

這個類型的亞人種堪稱怪物，在神話或傳說裡大多為與人類英雄對立的反派角色。

瑞典畫家約翰・包爾（John Bauer）繪製的食人妖。他們跟人類是截然不同的存在，相同的地方只有眼睛和手臂等部位。

本書介紹的亞人種種類

本書前半部介紹的亞人種，係以附圖方式優先解說同種個體超過一定數量的種族。

此外，為方便閱讀，前半部以亞人種的出處為基準，分成三大章介紹。

其他亞人種則收錄在本書後半部的小事典中。小事典同樣按由來分成二大章介紹。

神話與傳說裡的亞人種

列舉源自北歐神話與希臘神話等神話或傳說的亞人種。

古代的亞人種

列舉古羅馬時代老普林尼（Gaius Plinius Secundus）的《博物誌（Natural History）》，或中世紀歐洲葛瓦西爾（Gervasii Tilberiensis）的《獻給皇帝的故事集（Otia Imperialia）》等著作中，有目擊證詞或源自年代較近之傳說的亞人種。

近代的亞人種

介紹誕生於《魔戒》等近代創作的亞人種。當中亦有以神話或傳說生物為原型的種類，不過亞人種的生態或文化基本上多為作者的原創設定。

小事典

介紹本書前半部未列舉的亞人種。此外，也會解說個體數量極少，但在現今的創作上仍被視為一個種族的亞人種。

・神話與傳說裡的亞人種小事典

列舉神話與傳說中提及的亞人種。

・創作世界裡的亞人種小事典

主要介紹現代的遊戲等作品裡的亞人種。

西洋神話與傳說裡的亞人種

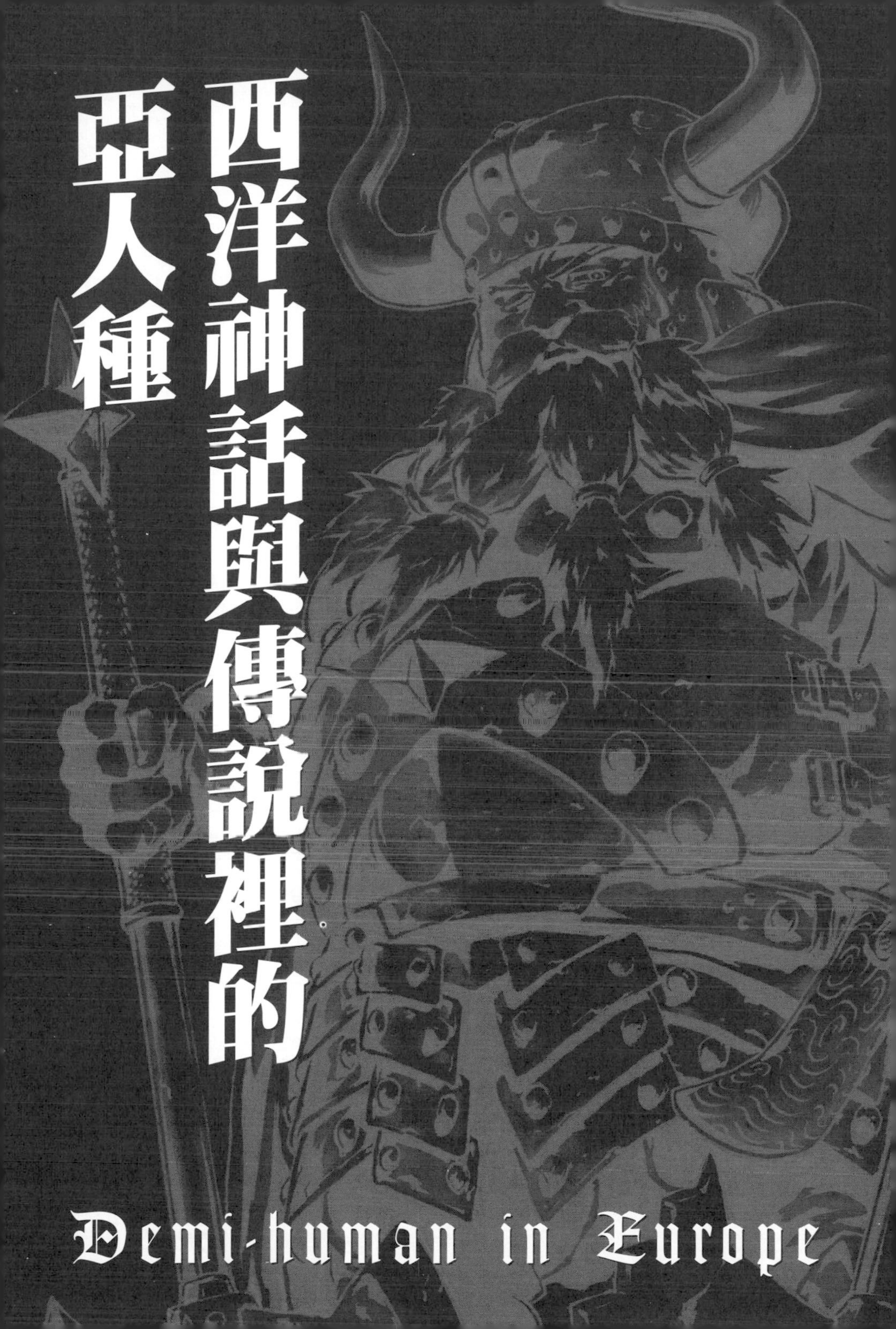

Demi-human in Europe

得以永生的美麗種族

精靈

【亞人種名】精靈
【拼法】Elf、Alfr
【主要出處】北歐神話、《魔戒》等
【分布地區】亞爾夫海姆、中土世界等地

精靈是居住在森林裡，擁有細長尖耳與美貌的人種，堪稱是最有名的亞人種。另外，他們擅長射箭與魔法，壽命是人類的數倍，具備卓越的知識與技術，比其他種族擁有更多的優點，因此個性傲慢，有時還會輕視其他種族。整個種族鮮少與其他種族交流，也不太喜歡過大的變化，這種保守的態度就像是堅持拒絕改變的老人。

上述的要素是常見的精靈設定。由於精靈廣泛出現在各種創作上，並配合該作品的世界觀加以修改設定，因此「何謂真正的精靈？」已經沒有正確答案了。

現今的精靈形象，是經由奇幻文學的經典作品《魔戒》（➡一百四十八頁）等數部作品建立起來的，而原本的精靈其實是居住在神界的妖精種族。

北歐神話裡的妖精——光之精靈

光之精靈（Ljósálfr）是北歐神話中，居住在神界的種族。儘管他們同樣有著近似諸神（接近人類）的美麗外表，在北歐神話裡卻找不到其他跟現代精靈相同的特徵。而他們被認為是現代精靈的根源。

在冰島詩人史諾里・史特盧森（Snorri Sturluson）編纂的《新愛達（Snorra Edda）》首篇〈欺騙古魯菲（Gylfaginning）〉中，當哈爾（Hár，即奧丁）介紹光之精靈居住的亞爾夫海姆（Álfheimr）為神界美景之一時，曾提及光之精靈比太陽還要美麗。

順帶一提，這篇故事還提到了暗之精靈（Dökkálfr），他們被視為下一節介紹的矮人（➡二十頁）之起源。有關暗之精靈的說明請參考下一節的內容。

北歐神話的神祇弗雷（Freyr）。他治理並居住在亞爾夫海姆，因此被視為精靈的統治者。

隨著時代演進，精靈的讀法從「Alfr」轉變為「Elf」，並被當成是小仙子（➡二十六頁）與皮克西（Pixie）這類妖精的一種。因此，查閱有關精靈的歐洲民間故事時，會發現喜歡惡作劇的小妖精常被稱為「Elf」。

近代精靈的起源——《魔戒》裡的精靈

一九五四年，約翰・羅納德・瑞爾・托爾金發表了史詩奇幻小說《魔戒》。在小說的全新世界裡，「精靈」是一支地位接近神祇，卻與人類居住在同一個世界的種族。他們的容貌近似人類，外觀上唯一的不同，就是「如葉片般」略尖的耳朵。從二〇〇一年上映的真人電影《魔戒首部曲：魔戒現身》中可以看出，精靈的耳朵僅頂端部分略微突出，與人類的耳朵相比並無極端差異。

《魔戒》裡的精靈擁有優於人類的高度文明，是一支自創世時代延續至今的亞人種。他們擅長魔法技術，像據點之一「瑞文戴爾」就受到強大魔法的保護，一旦感應到入侵者，周邊的河水就會自動上漲以防止敵人侵襲。

其道具加工的技術也很優秀，並且製造出許多稀有的物品，例如：當邪惡種族半獸人（➡一百六十頁）接近時就會散發蒼白光芒的匕首「刺針」、強韌卻輕便得連矮小的哈比人（➡一百五十頁）都能穿的「祕銀鎖子甲」……等等。此外，他們的體能也很超群出眾，劍術與弓術更是一流。

在《魔戒》的舞臺——中土世界的創世紀中，精靈比人類更早誕生在庫維因恩湖畔，是在神預定的命運下創造出來最為美麗且聰明的種族。因此，他們全是俊男美女，沒有壽命的限制，是一支不老不死的完美種族。另外，「精靈」是後來才取的名稱，起初他們被稱為「昆第（說話者之意）」。

之後精靈們聽從神的召喚，陸續移居到中土世界西方的大海彼端、眾神居住的大地「阿門洲（免於邪惡的土地之意）」。神將精靈們召來能直接感受諸神力量的土地上，而精靈則因為這趟旅程分裂成好幾個部族。

首先，未出發至阿門洲的稱為亞維瑞（意為「不情願的」），其他的精靈則稱為艾爾達（星辰的子民）。艾爾達又依家系分裂成凡雅族、諾多族、帖勒瑞族三個分支。凡雅族前往阿門洲後全族便定居下來。諾多族抵達阿門洲後，大多數的族人又回到中土世界。人數最多的帖勒瑞族一路上耽擱許多時間，因此只有部分精靈抵達阿門洲，其餘則放棄旅行，並在中土世界各地扎根。

抵達阿門洲，見過日後化為日月的「雙聖樹」之精靈稱為「光明精靈（Calaquendi）」，其餘則稱為「黑暗精靈（Moriquendi）」。不過，兩者的差別僅有無見過雙聖樹的光輝，黑暗精靈並不邪惡。《魔戒》裡幫助主角、極富正義感的精靈「勒荀拉斯」，就是隸屬帖勒瑞族分支辛達族的黑暗精靈。

對精靈來說，這段分散世界各地的時代是他們的巔峰時期。之後，中土世界的精靈在對抗世界公敵米爾寇（日後稱為魔苟斯）的戰爭中人數銳減。關於這段歷史，作者在描述《魔戒》之前的故事《精靈寶鑽》中有詳細的說明。

接下來在《魔戒》的故事裡，這些隱居世界各地的精靈，為了消滅前魔苟斯的部下索倫而參與戰爭。在由各種族組成的聯合軍奮戰下，索倫遭到消滅，世界則恢復和平，進入由人類主導的時代。相對於活力四射的人族，從遠古時代生存至今的精靈們，在了無眷戀後紛紛以西方的阿門洲為目的地啟程，身影永遠地從中土世界消失。他們的歷史就這樣宣告結束。

精靈之所以前往阿門洲，是因為他們的靈魂最後會抵達位在阿門洲上的「曼督斯城堡」。精靈的肉體因戰爭或意外死亡後，靈魂就會移往曼督斯城堡生活，然後再度重返人世。在某個意義上，這等於是將靈魂束縛在世界之中，在世界毀滅之前，精靈都無法脫離《魔戒》的世界。相形之下，人類只要死亡，靈魂就能離開這個世界。

除了肉體上的傷害外，那些在永恆的生命中磨耗心靈，或因為失去心愛之人等心傷而求死的精靈，也會主動前往阿門洲。

即便是沒有壽命限制的精靈，也能夠自由選擇離開世界的時機。證據之一，就是住在瑞文戴爾的精靈公主亞玟，她與人類亞拉岡結婚時，得到了跟人類相同的壽命。丈夫死後，亞玟便獨自在兩人互許終身的山丘上迎接人生的尾聲。

正因為精靈不老不死，他們的意志十足反映在壽命上。

流傳世界各地的精靈形象

眾多以奇幻世界為題材的作品，皆受到《魔戒》裡「完美的精靈」的影響。

一九七四年，在美國誕生的暢銷角色扮演遊戲《龍與地下城（Dungeons & Dragons）》（⬇一百八十八頁）裡，精靈就是玩家可挑選扮演的角色之一。

在遊戲當中，精靈雖然長壽但並非不死，此外還多了夜視能力、擅長弓箭與攻擊魔法，身材比人類嬌小且體力較差等特色。

與《魔戒》裡接近神祇的完美形象相比，遊戲裡的精靈多了弱點，變得更像「生物」、更貼近我們的存在。

水野良於一九八八年出版的日本奇幻小說之最《羅德斯島戰記》，則使「耳朵尖長」的精靈形象滲透人心。

負責繪製《羅德斯島戰記》插圖的出渕裕，將女主角蒂德莉特（⬇二百五十三頁）這類的高等精靈描繪成一頭及腰金髮、身材纖細的美女。從正面觀察她的耳朵，可以發現尖長的耳朵猶如天線般從臉龐的兩側露出來。描繪精靈時會將耳朵畫得尖長，便是受了該小說插畫很大的影響。

誕生於神話世界的精靈就像這樣，自《魔戒》問世後，每在奇幻作品登場時形象就會加以修改，並成為亞人種的代名詞。

居住在地底、善於鍛造的妖精

矮人

【亞人種名】矮人
【拼法】Dwarf
【主要出處】北歐神話、《魔戒》等
【分布地區】史瓦托夫海姆、中土世界等地

矮人是身材矮小的亞人種，體格魁梧豐腴，長有濃密的鬍子。

他們給人的印象是擅長鍛造與工藝，雙手的靈巧度遠勝過其他種族。矮人大多居住在礦山附近，是傑出的採礦工人。由於他們身體健壯、力大無窮，亦有不少矮人是活躍的戰士。另外，酒量很好的形象也深植人心。

矮人跟精靈（➡十四頁）同樣都是有名的亞人種，巧合的是，這個種族確立現今形象的過程也跟精靈如出一轍。

北歐神話裡的鍛造工匠——侏儒族

在北歐神話中，侏儒（Dvergr）是巨人始祖尤彌爾（Ymir）的屍體所冒出的蛆、在獲得智慧後誕生的人形種族，可說是矮人的起源。

他們居住在地底國度史瓦托夫海姆（Svartálfaheimr），在最早誕生的侏儒「摩索尼爾（Mótsognir）」的管理下生活。摩索尼爾和第二個誕生的都靈（Durin）一同利用土壤創造侏儒增加同伴，繼而成為繁榮的種族。至於住在地底的原因，則是因為他們一曬到陽光就會變成石頭死亡。實際上，北歐神話裡就有一則與這項弱點有關的故事：侏儒族的亞爾維斯（Alvíss）想趁雷神索爾不在時迎娶他的女兒，卻在回答索爾問題的期間沒注意到天已經亮了，最後曬到陽光而石化。

侏儒在北歐神話裡是傑出的鍛造師，能夠打造出性能極佳的魔法物品。

具代表性的作品，有射穿敵人後會回到持有者手裡的長槍《剛尼爾》（Gungnir）、能夠落雷的鎚子《妙爾尼爾》（Mjölnir）、無論起風與否都能夠航行且可收進小袋子裡的魔法船《斯基德普拉特尼爾》（Skíðblaðnir）……等等。

在日後的創作中，矮人擅長鍛造與工藝的設定，便是深受北歐神話侏儒影響的結果。

順帶一提，與精靈的起源「光之精靈」相對的「暗之精靈」，有時會跟侏儒劃上等號。原因在於暗之精靈同樣是住在地底的種族，這項特色與侏儒十分相似。

羅倫茲·弗瑞里希（Lorenz Frølich）以《愛達》的詩篇之一〈女先知的預言（Völuspá）〉為題材繪製的插圖（1895）。圖中為兩名蓄著鬍子的侏儒。這副模樣與我們想像中的矮人形象如出一轍。

英雄西格德的養父雷金

北歐神話中，有位自私自利企圖殺害養子的侏儒，名字叫做雷金（Regin）。

北歐神話故事《沃爾頌格薩迦（Völsunga saga）》提到，雷金一家人由於次男歐特（Ótr）遭主神奧丁等神祇誤殺，而獲得黃金作為賠償，但是父親赫瑞德瑪（Hreidmar）企圖獨吞這些黃金。於是，三男雷金與長男法夫納（Fáfnir）共謀殺害父親，沒想到這次換法夫納將黃金據為己有。記恨這件事的雷金便養育年幼的英雄西格德（Sigurd），打算派他去殺了法夫納。

雷金將自己打造的寶劍格拉墨（Gram）賜給西格德，送他到法夫納的所在之處，成功殺害了大哥，但這次換成西格德變成礙事者了。

另一方面，西格德打敗法夫納時得到了聽得懂鳥語的能力，因而得知養父企圖殺害自己。於是他先下手為強，趁雷金睡著時砍下他的腦袋，最後帶著財寶啟程旅行。為了錢財而利用養子這一點，應該是侏儒特有的邪惡本性使然吧！

後來理察・華格納（Wilhelm Richard Wagner）將這則故事改編成歌劇《尼伯龍根之戒（Der Ring des Nibelungen）》的第三部。在這齣歌劇裡，雷金改名為米梅（Mime），不過企圖殺害養子的橋段並無變更。

《魔戒》裡的矮人

北歐神話中的侏儒，後來在約翰・羅納德・瑞爾・托爾金所著的《魔戒》裡以亞人種之姿登場。

儘管身高只有一百四十公分左右，跟人類小孩差不多，健壯的身體卻有著超乎尋常的耐力與持久力。

描繪齊格飛（西格德）與米梅（雷金）的畫作。右邊衣衫襤褸的男人就是米梅。

因此，矮人戰士各個都是出了名的精悍強壯。即使身在暗處視力仍與白天相同，不論男女都長有濃密的鬍子。個性固執，不過本性很善良，絕不會忘恩負義。只不過，一牽扯到財寶他們就少了幾分和善，偶爾會跟人類或精靈起爭執。

矮人的壽命據說有二百～三百歲左右，他們跟精靈一樣，死後靈魂會前往《魔戒》的舞臺——中土世界西方，蒙福之地阿門洲上的曼督斯城堡，在那裡等待輪迴轉生。

矮人是中土世界裡，繼精靈之後第二個甦醒的種族。但其實矮人比精靈還早誕生。當初奧力（創造大地的神）等不及精靈與人類誕生，擅自創造了矮人。此舉卻激怒了另一位神祇，後來見矮人露出害怕的模樣，才決定讓他們暫時沉睡，等精靈誕生後才正式成為中土世界的一分子。

矮人運用礦物的本事堪稱天下第一，還為了取得貴重礦物「祕銀」而在地底建立巨大王國。另外，他們為了從事拿手的鍛造工作，大量砍伐樹木作為燃料，結果促成森林守護者樹人（➡一百七十二頁）的誕生，雙方也因而引發爭執。

矮人族裡最為知名的人物，就是參與魔戒遠征隊的金靂。他加入由哈比人佛羅多發起的摧毀魔戒行動，不僅與敵人作戰，還在趕路期間帶領眾人通過危險的摩瑞亞地下坑道，是摧毀魔戒的功臣之一。此外，矮人與部分精靈交惡，但是金靂與精靈勒荷拉斯卻在這趟旅程中建立了深厚的友情。當魔戒遠征隊的夥伴接連辭世，僅剩下金靂和勒荷拉斯後，兩人便一同搭船前往西方的蒙福之地阿門洲。矮人在有生之年前往阿門洲的情況，可說是中土世界史上特例中的特例。

《龍與地下城》裡的矮人

一九七四年發行，在全球造成熱烈迴響的桌上角色扮演遊戲《龍與地下城》，承襲了《魔戒》建立的矮人形象。

我們來看看最新的《龍與地下城》第四版規則書中的矮人設定吧！

矮人身高約一百三十六公分，體重與成年的人類男性相同，膚色與髮色相當多樣化，其中以紅髮的比例較多。另外，男性矮人頭髮稀疏，不過他們會將長長的鬍子綁成風雅的造型。至於女性矮人，則習慣梳成可辨識自己氏族與祖先的固定髮型。

壽命約二百歲，成年之前都跟人類沒兩樣，成年後直到一百五十歲左右皆保有強健的肉體。

矮人十分重視自己的傳統，同時也很珍惜與氏族和祖先的關係。沒有任何種族能比矮人更敬重長輩，即使面對其他種族的長輩，態度始終如一。他們最重視經驗，才會認為經驗豐富的長者是值得尊敬的對象。

矮人大多住在險峻的山中，在那裡建立巨大的城塞都市作為據點。

他們是絕不忘恩負義的種族，但也很會記仇。他們特別痛恨屢次襲擊矮人社會的半獸人集團。至於巨人族更是整個矮人族的敵人。原因在於矮人曾是巨人族的奴隸，即使如今已贏得了自由，他們對於過去的統治者依舊懷抱仇恨。

如此看來，《魔戒》與《D&D》（《龍與地下城》的簡稱）的矮人有非常多的共同點。這即證明了《魔戒》的矮人設定帶來很大的影響，並於《D&D》更進一步地昇華吧！

《龍槍》裡的溪谷矮人

《龍槍》是以前述《龍與地下城》的世界觀為基礎寫成的系列小說，當中可見截然不同的矮人身影。

這支被稱為溪谷矮人的種族，居住在廢棄的要塞、古老洞窟、貧民窟、垃圾場以及下水道裡，外表看起來髒兮兮的。他們的體格比起一般的矮人還要細瘦，有著鮪魚肚的溪谷矮人則會受到族人的尊敬。因為鮪魚肚是翻垃圾能力極為出色的證明。

長著美麗翅膀的嬌小妖精

小仙子

【亞人種名】小仙子
【拼法】Fairy
【主要出處】英格蘭、愛爾蘭等地的民間傳說
【分布地區】英格蘭、愛爾蘭等地

一般而言，小仙子是指巴掌大小的可愛小妖精，背後生有昆蟲般的翅膀，個性善良活潑，喜歡惡作劇。在創作世界裡，他們也常因為這種個性而被賦予穿針引線的任務，或是陪在主角身邊扮演重要的角色。

不過，這並不是小仙子原本的模樣。真正的妖精，其實是會做出調換小孩（Changeling）這種將剛出生的嬰兒帶走的恐怖存在。

本來「fairy」這個單字是指英國的所有妖精，語源為拉丁語「fatum」，有命運、宿命、死亡等含意。日本的妖精學權威——井村君江在著作《妖精學大全》中提到，中世紀的法文單字「fay（妖精、仙女）」源自於「fatum」，至於現代的英文單字「fairy」則有「fay施下的魔法」之意。

在流傳許多妖精傳說的愛爾蘭與蘇格蘭則有各種稱呼方式，例如男性妖精稱為「Fear Sídhe」，女性妖精稱為「Bean Sídhe」，「Daoine Sídhe」（有時也會單純稱為Sídhe）則泛指所有妖精。

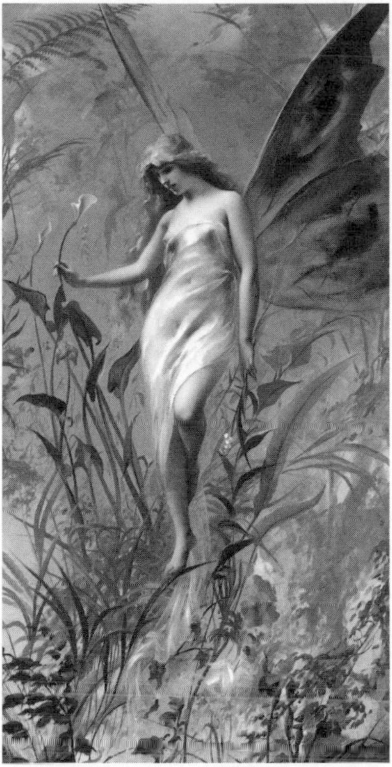

有著蝴蝶翅膀的小仙子。西班牙畫家路易斯・里卡多・法雷洛（Luis Ricardo Falero）於1888年繪製的作品。我們印象中的小仙子就是這副模樣吧！

關於他們的起源眾說紛紜，在愛爾蘭流傳的塞爾特神話中，小仙子是由原住民族之一的達南神族（Tuatha Dé Danann）變成的。達南神族是第四支登上愛爾蘭並在那裡生活的種族，後來在戰爭中打輸了米列家族（Milesians）而被逐出愛爾蘭。當時達南神族逃到提爾納諾（Tír na nÓg，又名「青春之國」

19世紀英國畫家愛德華・伯恩瓊斯（Edward Burne-Jones）的作品《亞瑟王的永眠》。以莫根為首，統治亞法隆島的女神們，就圍繞在重傷的亞瑟王身邊。

的樂園），遭人們遺忘的他們身體越來越小，最後就變成「Daoine Sidhe」了。

換言之，小仙子可算是喪失信仰的土著之神，或是被逐出居住地的原住民變化而成的存在。

不好意思，前言有點長。由於本書主要介紹「亞人種」，接著就來看看著名的人形妖精吧！

亞瑟王傳奇與莫根仙女

英國的英雄亞瑟王據說生於西元五～六世紀。講述其傳奇的書籍不少，然而他是否真的存在仍沒有定論。

莫根勒菲（Morgan le Fay）是亞瑟王傳奇裡的重要角色。前面介紹過「Fay」為仙女之意，因此她的名字即為「莫根仙女」的意思。

在中世紀英格蘭歷史學家謝菲（Geoffrey of Monmouth）的著作《梅林的一生（Vita Merlini）》中，莫根勒菲是統治英國的傳說之島「亞法隆（Avalon）」的女神。她精通醫術，為治療於最後一戰身負重傷的亞瑟王而將他帶去亞法隆島。

不過在其他的作品裡，莫根勒菲則是亞瑟王之死的遠因，還曾試圖破壞亞瑟王與桂妮薇兒王后（Guinevere）的感情，立場跟《梅林的一生》完全相反。

喜愛惡作劇的妖精——帕克與皮克西

英國當地流傳著身材嬌小的小仙子——帕克（Puck）的傳說。他們看起來就像體毛濃密的嬌小人類，喜歡欺騙人類或是惡作劇，有著典型的妖精個性。

十六世紀的劇作家威廉・莎士比亞曾在戲劇《仲夏夜之夢》裡，安排帕克擔任擾亂登場人物並炒熱氣氛的角色。

帕克奉仙王奧布朗（Oberon）的命令，要給仙后緹泰妮雅（Titania）塗上「一見鍾情的春藥」。當時有兩對男女湊巧來到緹泰妮雅所在的森林，帕克在惡作劇心態的作祟下，也把春藥塗在他們的眼皮上，使得故事亂成一團。

順帶一提，帕克這個名稱亦是英格蘭康瓦爾地區的妖精「皮克西（Pixie）」的語源。皮克西是一種類似柯伯德（一百九十八頁）的存在，只要提供一碗奶油或一顆蘋果就會幫忙做家事。他們住在古墳、環狀石陣、洞窟等地方，有每晚都要在森林裡跳舞的習慣。旅人若撞見他們的舞會，就會被迫跟著起舞而忘了時間。如果想避開皮克西的惡作劇，據說只要把外套反過來穿就行了。

蘇格蘭畫家約瑟夫・諾耶爾・帕頓（Sir Joseph Noel Paton）的作品。描繪《仲夏夜之夢》的開端，奧布朗與緹泰妮雅爭吵的場景。發怒的奧布朗因而命令帕克塗抹春藥，藉此捉弄緹泰妮雅。

全球最有名的小仙子——叮噹

說到身材嬌小、背後生有翅膀的妖精，絕對不能忘了彼得潘的搭檔叮噹（Tinker Bell，意指「銲鍋匠的鈴聲」）的存在。她是英國童話作家詹姆斯·馬修·巴利（James Matthew Barrie）的著作《彼得潘》裡的角色。叮噹非常愛吃醋，只要彼得潘跟別的女生要好就會鬧彆扭。她比任何人都還要喜歡彼得潘，甚至還代替彼得潘喝下毒藥來保護他。她的翅膀灑落下來的粉末具有神奇的力量，只要有這種粉末並相信它的力量就能在空中自由飛翔。

在妖精界享有極高知名度的叮噹，於二〇〇八年動畫電影《奇妙仙子》裡擔任主角，因而再度成為注目的焦點。

奇妙仙子（亦即叮噹）誕生於夢幻島上的妖精谷（Pixie Hollow），是一名擁有「修補」才能的小仙子。由於修補的工作並不起眼，而她很嚮往將季節送到人間的工作，結果失去了對修補的熱忱。電影便是講述她把失敗化為經驗，並以自身的才能為傲的成長歷程。事實上她的修補才能相當傑出，還修好了從人間漂流過來、無人能修理的音樂盒。

肯辛頓花園的小仙子們

《肯辛頓花園的彼得潘（Peter Pan in Kensington Gardens）》，是叮噹首度亮相的作品《彼得潘》的前身。巴利將英國倫敦的肯辛頓花園設定成小仙子的王國。住在那裡的小仙子是瑪布女王（Queen Mab）的侍從，晚上七點閉園後就出來活動。他們最喜歡舞會，每次舉辦時都會偷偷修改花園的布告欄提早閉園的時間，不知為何大人們都沒有發現。

儘管他們是一支活潑的種族，對於人類卻充滿攻擊性，還曾企圖殺害偷窺舞會的人類女孩。不過，當他們得知這名女孩幫助過自己的同胞後便決定報恩，展現出守禮節的一面。他們找出逃累而睡著的女孩舉行感恩典禮，並為她搭建妖精小屋，保護她免於受寒直到天亮為止。

花仙子事件

一九一六年，一張照片震驚了當時的社會。住在英國柯庭雷村（Cottingley）的少女——法蘭西絲（Frances Griffiths）與艾爾西（Elsie Wright），成功拍到了與小仙子們愉快嬉戲的照片。後來這張照片登上報紙蔚為話題，而且當時著名的妖精學權威、福爾摩斯的作者柯南・道爾（Arthur Ignatius Conan Doyle）還肯定照片的真實性，促使往後的數十年期間，人們都認為小仙子真的存在。當事者年老後，才坦承那是以繪本中的小仙子插畫為範本偽造的照片，事件這才落幕。

不過，這張照片的影響力相當驚人，後來只要提到小仙子，人們便會浮現「背上有翅膀的小人兒」這個印象。

A. FRANCES AND THE FAIRIES

Photograph taken by Elsie. Bright sunny day in July, 1917. The "Midg" camera. Distance, 4 ft. Time, 1/50th sec. The original negative is asserted by expert photographers to bear not the slightest trace of combination work, retouching, or anything whatever to mark it as other than a perfectly straight single-exposure photograph, taken in the open air under natural conditions. The negative is sufficiently, indeed somewhat over-exposed. The waterfall and rocks are about 20 ft. behind Frances, who is standing against the bank of the beck. A fifth fairy may be seen between and behind the two on the right. The colouring of the fairies is described by the girls as being of very pale pink, green, lavender, and mauve, most marked in the wings and fading to almost pure white in the limbs and drapery. Each fairy has its own special colour.

在少女身邊嬉戲的小仙子照片。得知真相後再觀察照片，便會覺得小仙子的身影過於清晰，看起來很不自然。順帶一提，這張照片的底片目前由「宇都宮妖精美術館」保管與展示。

席捲神話世界的巨大種族

巨人

【亞人種名】巨人
【拼法】Giant
【主要出處】希臘神話、北歐神話等
【分布地區】希臘、約頓海姆等地

在世界各地的神話與民間傳說中，都可見到擁有龐大身軀的人形亞人──巨人的蹤影。翻開著名的神話，裡頭絕對藏有巨人的故事，這麼說一點也不為過。

他們不單體型龐大，其中還有具備數隻眼睛或數顆頭顱，這類堪稱異形的巨人存在。此外，也有力量與智慧足以匹敵神祇，能夠預知未來的巨人。女性巨人中亦有不少美女，有些甚至嫁給了神祇。

反觀民間故事裡的巨人，他們大多是「頭腦簡單四肢發達的大塊頭」這種略顯愚笨的類型。不是被民間故事的主角騙走財寶就是遭到消滅，下場頗為悽慘。

接下來就為各位介紹北歐神話、希臘神話，以及世界各地著名的巨人們。

飲用初始之牛歐德姆布拉（Audhumbla）奶水的尤彌爾，1790 年繪製的作品。

北歐神話裡的巨人們

北歐神話的巨人稱為霜巨人（Jötnar），是由巨人始祖尤彌爾誕下的種族。尤彌爾堪稱巨人之王，身體各處產生了許多霜巨人。但是，他的血親女巨人貝斯特拉（Bestla）與神祇包爾（Borr）所生的奧丁等神卻殺了他，他的血化為洪水流入巨人所住的尼弗爾海姆（Niflheim），除了尤彌爾的子孫冰霜巨人（Hrímþurs）貝格爾米爾（Bergelmir）與其妻子外，其他的巨人都死了。屠殺霜巨人後，奧丁利用尤彌爾的屍體創造海洋與大地。

■尤彌爾各部位的創造物

尤彌爾的身體部位	誕生的東西
肉體	大地
血液	河川與海洋
骨頭	山
牙齒	岩石
頭髮	植物
睫毛	保護人界的防護牆
頭蓋骨	天空
身體冒出的蛆	妖精（精靈與矮人等）

索爾與赫朗格尼爾的決鬥。上圖為妙爾尼爾擊碎頭顱的瞬間。

由於這個緣故使得以奧丁為首的阿薩神族（Æsir），與貝格爾米爾所復興的巨人族之間的對立越來越深。畢竟祖先尤彌爾遭到神族殺害，這是理所當然的結果。不過，雙方仍保持交流，不僅有女巨人成為神祇之妻，也有巨人提供諸神意見。順帶補充一下，除了貝格爾米爾的血親外其他巨人都滅亡了，因此也有人認為由他繁衍下去的巨人族不算是霜巨人，而是冰霜巨人才對。

霜巨人裡最強的巨人，就是擁有石製頭蓋骨與石心臟的赫朗格尼爾（Hrungnir）。十三世紀冰島詩人史諾里・史特盧森的《詩語法（Skáldskaparmál）》中提到，某天奧丁挑釁地對赫朗格尼爾說：「約頓海姆（Jötunheimr）沒有一匹馬跑得比我的斯雷普尼爾（Sleipnir）還快。」憤怒的赫朗格尼爾便騎著愛馬古爾法克西（Gullfaxi），追著奧丁來到阿薩神族的國家阿斯嘉特（Asgard）。

赫朗格尼爾在阿斯嘉特受邀參加宴會，結果卻喝得爛醉並羞辱阿薩神族。就在這時，巨人族永遠的天敵——雷神索爾趕到了。索爾持有能夠降雷的鎚子「妙爾尼爾」，在阿薩神族中可是數一數二的武鬥派，曾單純為了殺死巨人而遠征至約頓海姆。

怒髮衝冠的索爾譴責巨人赫朗格尼爾參加諸神的宴會一事，被激怒的赫朗格尼爾也放話說改日要與索爾決鬥。

當天赫朗格尼爾帶著自豪的石槍在決鬥地點等待索爾，可是對方始終沒有出現。索爾的隨從告訴他，索爾會攻擊腳下，於是他把盾牌放在腳邊迎擊。過了一會兒，索爾從正前方現身，使盡渾身力氣扔出妙爾尼爾。赫朗格尼爾本想用手裡的砥石打落鎚子，沒想到擊中妙爾尼爾所產生的碎片卻刺進他的頭，最後頭蓋骨遭到破壞而死。赫朗格尼爾的龐大身軀倒了下來，索爾被他的腳壓住，過了三天才掙脫出來。

如同這則故事的描述，霜巨人在北歐神話中大多處於襯托阿薩神族的立場。

■提坦十二巨神

男神	女神
歐開諾斯	特緹絲
柯厄斯	瑞亞
休佩里翁	泰美斯
克里奧斯	穆妮莫舒
亞沛托斯	福珀
克羅諾斯	狄歐妮
	緹雅※

※ 有些文獻未將她列入提坦裡

希臘神話裡的巨人

希臘神話的巨人稱為提坦（Titan），在日本，「泰坦」這個譯名可能較廣為人知。他們是希臘神話主神宙斯崛起前誕生的巨人，也是初始女神蓋婭（Gaia）的孩子。

根據古希臘詩人赫西歐德（Hesiod）在《神譜（Theogony）》中的敘述，蓋婭是最初的大地母神，她與兒子天空之神烏拉納斯（Uranus）結婚，生下六男六女的提坦巨神。此外還誕下獨眼巨人（➡四十頁）與百臂巨人（Hekatonkheires）等巨人。但是，烏拉納斯卻將醜陋的獨眼巨人幽禁在冥府塔爾塔洛斯（Tartarus）裡。憤怒的蓋婭便在兒子克羅諾斯（Cronus）的協助下，將烏拉納斯去勢後放逐他。克羅諾斯成為新的眾神之王，但父親烏拉納斯臨去前曾預言「你的孩子會剝奪你的王位」，這句話令他相當不安。

克羅諾斯與姊妹陸續產下孩子，可是他為了保護自己的王位，而把剛出生的孩子吞下肚。最後反抗他的，就是克羅諾斯與女神瑞亞（Rhea）的孩子——宙斯。

由於瑞亞拿布包的石頭給克羅諾斯吃，宙斯才得以成為唯一生存下來的孩子。後來他讓克羅諾斯吐出其他兄弟姊妹，並向克羅諾斯開戰以爭奪世界的統治權。

當時，蓋婭對於克羅諾斯的態度產生質疑，於是建議孫子宙斯向單眼巨人與有著五十顆頭的百臂巨人借力。宙斯便在異形叔父們的協助下趕走了克羅諾斯，成為統領眾神的存在。

西臺的岩石巨人烏力庫米

西臺人征服了中東伊拉克附近的美索不達米亞文明，而他們的神話中有個名為烏力庫米（Ullikummi）的岩石巨人。在中東的傳說裡，巨人是相當罕見的存在。

男神庫馬畢（Kumarbi）企圖謀反，篡奪男神阿努（Anu）的地位。他咬斷阿努的性器官，誤含了精液，因而誕生出天候之神。沒想到天候之神卻站在阿努這邊，加害生下他的庫馬畢。庫馬畢勃然大怒，於是聽從海神的建議，將精液灑在岩石上創造出岩石巨人烏力庫米。

烏力庫米依附在巨人烏貝盧里（Upelluri）的肩膀上，長到跟天一般高，最後卻被過去用來分割天地的劍砍斷腳踝而死。

法國巨人高康大與龐大固埃

傳說裡的巨人們，皆面臨被統治世界的諸神驅逐的命運。然而十六世紀的法國，卻大為流行以巨人英雄為主角的冒險小說。

引發這股熱潮的作品，是一五三二年出版、作者不詳的《偉大的高康大編年史（The Great Chronicles of the Great and Enormous Giant Gargantua）》，以及弗朗索瓦・拉伯雷（François Rabelais）的著作《龐大固埃傳奇》。之後，拉伯雷又創作了前傳《高康大傳奇》。

高康大是法國民間傳說常見的巨人名字，拉伯雷則將高康大與龐大固埃設定為父子。這是拉伯雷的原創設定，在作者不詳的《偉大的高康大編年史》中，並無「高康大已經結婚」的描述。不過，後來發行的修訂版，彷彿是在為同期發售的暢銷作品《龐大固埃傳奇》造勢般，追加高康大回到故鄉後與巨人公主芭朵碧結婚的橋段。因此，也有人認為《偉大的高康大編年史》與《龐大固埃傳奇》是同一位作者。

根據《偉大的高康大編年史》的敘述，高康大是魔法師梅林創造出來的兩名巨人所生的孩子，將來要服侍英國的亞瑟王。

高康大童年時玩的遊戲，就是單手拿起比三個葡萄酒桶還大的岩石從山頂丟下去，由此可以看出當時他的身軀就已相當龐大。

之後他與雙親一同旅行，父母卻在半路上因熱病而死。孤獨一人的高康大在好奇心的驅使下到巴黎觀光，途中遇到魔法師梅林，結果就被帶去服侍亞瑟王，達成梅林當初的目的。

後來，高康大以一人軍隊之姿參戰。他不僅打敗二十萬大軍成為英雄，更服侍亞瑟王長達二百年。

我們再來看看拉伯雷的《龐大固埃傳奇》，這位巨人也是個不輸給父親的豪傑。龐大固埃是高康大與芭朵碧所生的兒子，儘管母親很早就去世，他仍舊順利地成長茁壯，從小就是個能喝光四千頭乳牛奶水的巨人。雖然小時候經常耍任性，他卻也很勤奮學習、鍛鍊武術，後來總算成為獨當一面的戰士。某天，敵國趁父親不在時侵襲了他們的國家。

他以桅桿為武器，打敗百萬大軍，還用小便沖走敵人。最後他與敵方大將狼人單挑並獲得勝利，成為拯救法國的英雄。

日本的巨人大太法師

日本也有巨人傳說。除了著名的足長手長（➡一百一十四頁）外，還有大太法師的傳說。民俗學家柳田國男在《大太郎坊的足跡》中進行考察，主張「大太法師」這個名稱源自於「大太郎」（意指巨人）加上法師組成的「大太郎法師」，與一寸法師是相對的存在。

日本有不少大太法師的傳說，且多數跟高度不輸給巨人的富士山有關。在神奈川縣相模原市流傳的民間故事中，大太法師企圖讓富士山沉入海裡。他拿起附近的藤蔓綁住富士山想拖著走，但是卻失敗了，藤蔓斷裂不曉得跑哪兒去了。據說就是這個緣故，相模原附近才會長不出藤蔓，而他踏地留下的窟窿就成了鹿沼（今神奈川縣相模原市的鹿沼公園）。

另外在滋賀縣，則傳說琵琶湖是大太法師挖土造富士山時形成的湖泊。

列為世界遺產的巨人足跡

位在北愛爾蘭的巨人堤道（Giant's Causeway）是一片景觀優美的海岸，並於一九八六年列入世界遺產。

這個景點地如其名，是與愛爾蘭流傳的塞爾特神話巨人「芬・麥庫爾（Finn McCool）」有關的地方。

麥庫爾為與住在蘇格蘭的巨人貝南多納（Benandonner）作戰，而在這裡搭了一座石橋。但是，累癱了的麥庫爾卻當場睡著。另一方面，貝南多納一直等不到敵人來襲，於是決定去巨人堤道偵察情況。麥庫爾之妻烏娜（Oonagh）湊巧撞見貝南多納的身影，於是給丈夫蓋上被毯偽裝成熟睡中的嬰兒。

貝南多納誤以為麥庫爾是麥庫爾的孩子。既然嬰兒都這麼大了，他的父親想必更加巨大，驚慌的貝南多納便逃回蘇格蘭。據說當時堤道遭到破壞，才會形成現在的景觀。

巨人堤道上的玄武岩看起來就像直豎的柱子。石柱呈現漂亮的多角形。

這塊岩石據說是巨人的鞋子。
攝影者：Kdhenrik

初始女神所生的獨眼龍巨人

獨眼巨人

【亞人種名】獨眼巨人
【拼法】Cyclops
【主要出處】希臘神話
【分布地區】冥府塔爾塔洛斯

獨眼巨人是希臘神話裡的提坦之一，為初始女神蓋婭與大空之神烏拉納斯所生、只有一隻眼睛的異形巨人。

關於獨眼巨人的特徵稍後再做說明，其外觀最具特色的即是「獨眼」這一點。在最近的日本插畫文化裡，「獨眼少女」這個類型突然受到矚目，姑且不論喜歡與否，這算得上是知名度頗高的亞人種特徵。另外，說到以獨眼巨人為原型的角色，應該有不少人會想到漫威漫畫的傑作《X戰警》中，戴著護目鏡宛如只有一隻眼睛的獨眼龍吧！

偉大的鍛造師——獨眼巨人

獨眼巨人光是外表就有各種的影響力。前面介紹巨人（➡三十二頁）時在「希臘神話裡的巨人」小節中提到，他是女神蓋婭的孩子，由於外表醜陋怪異而被幽禁在冥府塔爾塔洛斯裡。

古希臘詩人赫西歐德在《神譜》裡寫道，獨眼巨人實為三兄弟，分別叫做閃電（Arges）、電光（Steropes）與雷鳴（Brontes）。既然三人的名字都與雷電有關，獨眼巨人有可能是司掌雷電的巨人。

當宙斯與父親克羅諾斯爆發全面戰爭時，他們才浮上檯面活動。宙斯為了增加戰力，便把獨眼巨人從塔爾塔洛斯放出來。獨眼巨人則分別贈送雷電、三叉矛以及隱身帽給宙斯、波塞頓和哈帝斯作為謝禮。

由此事可以看出，獨眼巨人是相當優秀的鍛造師。不過，在西元一～二世紀古羅馬作家阿波羅多洛斯（Apollodorus）的著作《希臘神話》裡，卻也存在獨眼巨人因自己的創造物惹來殺身之禍的故事。

人類女性愛兒西諾爾（Arsinoe，亦有一說為柯洛妮絲／Coronis）與太陽神阿波羅交歡懷上一子，卻

艾拉斯姆斯．法蘭西斯奇（Erasmus Francisci）的著作裡描繪的獨眼巨人。位在臉部中央的巨大獨眼相當引人注意。

因為外遇而遭到阿波羅殺害。遺留下來的孩子亞斯克勒皮斯（Asclepius）則交給半人馬（➡五十二頁）賢者凱隆（Chiron）教育，而後他展現出醫術才能，成為能讓死者復活的名醫。但是，宙斯擔心他的醫術會流傳到人間，於是用獨眼巨人送的雷電殺死亞斯克勒皮斯。阿波羅當然氣瘋了，然而他無法違逆宙斯，所以轉而殺害製作害死兒子武器的獨眼巨人。

不過，生於西元前一世紀的維吉爾（Publius Vergilius Maro）曾在史詩《艾涅斯記（Aeneis）》中，描寫過擔任鍛造之神赫菲斯特斯（Hephaestus）的助手、從事鍛造工作的獨眼巨人，因此獨眼巨人應該沒遭到滅族才對。

《奧德賽》裡的獨眼巨人

西元前八世紀的詩人荷馬所寫的史詩《奧德賽（Odyssey）》裡，存在著只會吃人的獨眼巨人。他們是絲毫不懂待客之道的野蠻種族。

英雄奧德修斯（Odysseus）抵達獨眼巨人居住的島嶼海岸後，他和部下都被獨眼巨人波利菲莫斯（Polyphemus）關在洞窟裡，每隔一段時間就有兩個人被吃掉。

在部下犧牲的這段期間，奧德修斯則用酒取悅波利菲莫斯。心情大好的波利菲莫斯問起名字，奧德修斯便用希臘語回答他：「烏提斯（Οὖτις，「無人」之意）」。

聽完回答後，波利菲莫斯終於醉倒而呼呼大睡，奧德修斯便與倖存的部下弄瞎他唯一的眼睛。波利菲莫斯痛醒後呼叫同伴，但當同伴問他是誰下手時，他卻回答：「烏提斯（沒有人）！」，同伴聽了紛紛離去。奧德修斯就這麼藉著部下的犧牲與智慧勉強逃過一劫。

現實世界的獨眼

其實在現實世界裡，也有可能出現如獨眼巨人那般的身體特徵。胎兒有極小的機率只會在臉中央形成一隻眼睛，這種情形稱為獨眼症，是一種重度畸形。出現這種症狀的胎兒大部分在生產前就會流產，即使生下來也活不到一年，因此醫學研究始終沒什麼進展。

關於獨眼巨人的真相有許多種說法，也許他們有可能是參考獨眼症患者長大的模樣，而創造出這種種族。

全員皆美女的戰鬥民族

亞馬遜人

【亞人種名】亞馬遜人
【拼法】Amazons
【主要出處】希臘神話
【分布地區】黑海周邊、烏克蘭等地

亞馬遜人全是優秀的戰士。如今她們也被視為僅誕生女嬰，美貌與體能皆比普通的人類女性更加出眾的亞人種。在創作世界裡，亞馬遜人也常被描寫成沒有文明的蠻族，或是擔任反派角色。

亞馬遜人原本是時常出現在希臘神話中的女人族，祖先為戰神阿雷斯（Ares），並信仰狩獵與純潔的女神阿蒂蜜絲（Artemis）。

她們居住在歐亞交界的黑海沿岸地區，過著完全不從事農耕的狩獵生活，擅長劍術與弓術。當中還有人切除左邊的乳房以方便使用弓箭。亞馬遜人的社會極端排斥男性，若要繁衍後代就會找鄰近部族的男性交配生子。產下女嬰就當成族人扶養，如果是男嬰就殺死，或是當成奴隸使喚。

亞馬遜人的女王

說起歷代統領亞馬遜人的女王中格外出名的人物，非美麗又高傲的潘特希蕾亞（Penthesilea），以及持有戰神阿雷斯腰帶的希波琉塔（Hippolyta）莫屬。

當時亞馬遜人與希臘人處於敵對關係，因此她們大多出現在戰爭場面，與希臘神話裡的英雄們對戰。尤其潘特希蕾亞更在希臘神話裡，於希臘與特洛伊之間爆發的「特洛伊戰爭」中，加入特洛伊陣營率領族人參戰。她們的吆喝聲嚇壞了希臘軍，此外也殺死了許多士兵。然而潘特希蕾亞仍然不敵率領妙爾米頓人（➡一百三十頁）的英雄阿基里斯，最後不幸戰死。阿基里斯雖然打贏了潘特希蕾亞，卻在她死後才注意到那副絕色美貌，因此事後相當懊悔。

至於希波琉塔，則是在英雄海克力斯（Heracles）故事中登場的女王。她持有女王的憑證「戰神阿雷

描繪亞馬遜人與海克力斯交戰情景的陶壺。推測為西元前 530 年左右的作品。

斯的腰帶」。海克力斯為取得腰帶，便召集勇士前往亞馬遜人統治的地區，沒想到，希波琉塔卻愛上勇猛的海克力斯，以生子為條件答應將腰帶給他。

然而，對此感到不悅的女神希拉（Hera），卻騙其他的亞馬遜人說海克力斯一行人打算篡奪國家，促使她們攻擊海克力斯。結果，海克力斯誤以為希波琉塔欺騙自己，殺了她搶走腰帶。在另一則故事裡，古雅典國王特修斯（Theseus）與亞馬遜人交戰時俘虜了希波琉塔，她與特修斯生下兒子希波琉托斯（Hippolytus）。之後的結局有多種版本，例如希波琉塔與特修斯一起對抗亞馬遜人而戰死，或是特修斯與其他女性結婚，希波琉塔一氣之下攻擊他卻反被打死等等。

亞馬遜人的子孫——薩烏羅馬泰人

西元前五世紀的希臘歷史學家希羅多德（Herodotus）在著作《歷史》中提到，西元前七世紀至四世紀，於今烏克蘭周邊繁榮發展的馬上民族「薩烏羅馬泰（Sauromatæ）」即是亞馬遜人的子孫。

當時戰敗給希臘人的亞馬遜人遭到俘虜，她們在船隻移送的途中逃到黑海北岸，結果遇到了馬上民族斯基泰人（Scythians）。斯基泰人迎擊這群語言不通、來歷不明的敵人，但在發現對方全是女性後，便派相同人數的年輕男性接近她們以促成交流。

這項計畫成功了，亞馬遜人開始學習斯基泰人的語言，並與年輕男性結婚一同生活。但是，當初交戰時，亞馬遜人也曾殺害斯基泰人，她們或許是覺得生命受到威脅，因而提議逃到東方，不前往丈夫的國家。男人們同意這項建議，眾人便移居到流入亞速海（Sea of Azov，位於黑海東北方）的頓河（Don）東方，在那裡建立新聚落。據說這就是薩烏羅馬泰人的起源。

薩烏羅馬泰的女性穿著跟男性相同的服裝騎馬，她們也擅長打獵。另外，女性若無法獨自殺死敵人就不被視為成年人，也不能結婚。因此，當中也有終身未嫁孤單老去的女性。祖先亞馬遜人不會騎馬，因此亦有看法認為薩烏羅馬泰人是學會騎馬技術、進化過的亞馬遜人。

日本的亞馬遜人傳說

世界各地都有女人國的傳說，日本也不例外。

根據江戶時代的百科辭典《和漢三才圖會》的介紹，日本東南方的海上有個僅有女性居住的女人國。話雖如此，她們不像全族都是戰士的亞馬遜人，看起來只是普通的女性。不過，她們的繁衍方法相當特殊，據說女人國的女性只要吹到南風，身體就會受到感應而誕下孩子。只要吹到風就會懷孕……看來這國家的生產機會還滿多的。

日本的東南方只有一片大海，但說不定女人國至今仍悄悄存在於某個地方。

住在神界的美麗少女

寧芙

【亞人種名】寧芙
【拼法】Nymph、Nymphē
【主要出處】希臘神話
【分布地區】希臘各地

威廉・阿道夫・布格羅（William-Adolphe Bouguereau）的《寧芙》，描繪寧芙嬉戲的景象。一般都會將寧芙畫成年輕貌美的裸女。

寧芙有「新娘」、「少女」的意思，指的是希臘神話裡年輕貌美的女性。她們的真正身分是下級女神或是妖精。

每位寧芙都有保護植物或山、海等地形的任務。她們的名稱則視保護的地方或事物而有所不同，比方說大海寧芙稱為「涅瑞絲（Nereid）」，樹木寧芙則稱為「德琉雅絲（Dryas）」，以此作為區別。另外，她們擁有肉體，亦多與神祇或人類結婚生子。寧芙既是神祇也是妖精，還具有人類肉體，可說是角色定位非常曖昧不明的存在。

寧芙在神話中鮮少擔任主角，不過她們的美貌時常引來男神或人類的追求，因此多在傳說裡以女主角之姿露面。然而這種被動的立場，卻也常招致意想不到的災厄。

住在義大利半島南端墨西拿海峽（Strait of Messina）的著名海怪斯庫拉就是典型的例子。她受到沒好感的海神葛勞格斯（Glaucus）追求，惹

追逐達芙妮的阿波羅。義大利畫家喬凡尼·巴奇斯塔·提也波洛（Giovanni Battista Tiepolo）的作品，目前於羅浮宮博物館展示。

火喜歡葛勞格斯的魔女琪爾茜（Circe），結果下半身變成怪物。

若想了解寧芙，就得知道她們與神話人物之間的愛情故事。接下來就為各位介紹幾位愛情故事格外出名的寧芙吧！

變成月桂樹的寧芙

寧芙雖然是神祇或人類談戀愛的對象，但能兩情相悅順利成為情侶的故事卻不多見，大部分的情況都是寧芙遭到熱烈的求婚攻勢而困擾不已。

某天，太陽神阿波羅調侃司掌愛情的厄洛斯（Eros），結果被激發愛情的箭給射中了。厄洛斯接著把另一枝箭射向在附近沐浴的河川寧芙「達芙妮（Daphne）」。

阿波羅向達芙妮求愛，然而達芙妮卻因箭的效果而無法喜歡上初次見面的人，嚇得逃離了現場。不過阿波羅畢竟是拳擊之神，想要徹底擺脫他可以說難上加難，怎麼也甩不掉阿波羅的達芙妮眼見自己就要被追上，便乞求父親河神將她變成月桂樹。阿波羅見到鍾情的對象變成一棵樹後十分悲傷，於是用月桂葉做成桂冠，當成達芙妮的遺物戴在頭上。

無端捲入男神的紛爭，對達芙妮來說真是一件倒霉的事。

冥府的悲河（Cocytus）寧芙「綿特（Menthe）」遭遇也跟這則故事很類似。冥王哈帝斯愛上了綿特，結果惹火哈帝斯的妻子帕西芬妮（Persephone），害得綿特變成了雜草（薄荷）。

她也是無端捲進夫妻紛爭而遭殃的寧芙。

奧菲斯與艾琉狄茜

吟遊詩人奧菲斯（Orpheus）的故事，可幫助我們了解娶寧芙為妻者對她的愛有多深。

奧菲斯之妻——樹木寧芙「艾琉狄茜（Eurydice）」被毒蛇咬死。為了救回心愛的妻子，奧菲斯決定前往冥府。他用演奏馴服冥府的守衛，最後總算得到冥王哈帝斯的首肯，能夠與妻子重逢。

奧菲斯牽著艾琉狄茜的手準備帶她返回人間，然而他卻違反「抵達人間之前絕對不能回頭」的約定，結果只得與妻子永別了。

帶給丈夫力量的寧芙

雖然這些女神或妖精統稱為寧芙，但她們擁有的力量可是千差萬別，力量強大的寧芙還能將力量分給丈夫。安菲特莉塔（Amphitrite）是水寧芙之一，擁有興起大浪的力量。

波塞頓擄走安菲特莉塔並向她求婚，卻遭到對方斷然拒絕。不死心的波塞頓又贈送海豚給安菲特莉塔，這才成功擄獲她的芳心。據說波塞頓原本是大地之神，因為娶了安菲特莉塔獲得水的力量才成為海神。

下半身為馬的野蠻種族

半人馬

【亞人種名】半人馬
【拼法】Centaurus
【主要出處】希臘神話
【分布地區】希臘色薩利地區的沛立翁山

半人馬是希臘神話中，上半身為人類，下半身為馬的亞人種。在傳說裡這個種族只有男性，不過之後在創作世界裡也看得到女性半人馬。

也許是「馬」這個字讓人聯想到馬背上的騎士，近年來日本的創作常將半人馬描繪成西洋騎士那般個性誠實又忠心、武藝極佳的亞人種。此外，半人馬也是射手座的象徵，因此亦附加了擅長弓術的形象。

不過，半人馬原本是粗野暴徒的代名詞，他們是一支見到女人就會襲擊對方的野蠻種族。順帶補充一點，半人馬族的血液可作為毒藥（亦有一說需要混合精液），半人馬涅索斯（Nessus）就曾企圖毒殺希臘神話著名的英雄海克力斯。

嗜酒好色的野蠻一族

據說半人馬是拉皮斯族（Lapiths）的王子伊克西翁（Ixion），與仿照主神宙斯之妻希拉外形製成的雲所生的孩子。

半人馬是一支貪杯、粗暴又好色的種族。好色這點似乎與父親伊克西翁的個性有關。伊克西翁參加眾神的宴會時，想勾引主神宙斯的妻子希拉。結果宙斯看穿他的企圖，用仿造希拉外形的雲當作替身防止妻子外遇。畢竟父親是這種會勾引人妻的好色之徒，也難怪半人馬會如此貪愛女色。

之後，誕生出來的半人馬族便以希臘中部色薩利（Thessaly）地區的沛立翁山（Pelion）為據點生活。拉皮斯族（人類）就住在他們的附近，相較之下是一支非常乖順的部族。某天，拉皮斯族的皮瑞托斯王（Pirithous）盛大舉辦自己的婚禮，並邀請鄰居半人馬族參加宴會。沒想到黃湯下肚後，半人馬就酒醉失

義大利畫家皮耶羅・迪・柯西莫（Piero di Cosimo）於1500年左右繪製的作品，描繪半人馬族與拉皮斯族的戰爭。

去理智，開始到處搗亂企圖侵犯拉皮斯族的女性。不僅如此，魯莽的半人馬艾利提恩（Eurytion）還想抓走皮瑞托斯王的新娘。

拉皮斯族無法原諒這種暴行，於是由國王帶頭對半人馬族展開反擊。半人馬族在這場戰爭中幾乎全滅，僅剩幾人逃往馬雷亞海角（Cape Maleas）。

成為星座的半人馬賢者——凱隆

儘管半人馬是眾所周知的粗野種族，當中也是有被稱為「賢者」的才子存在。那就是農耕之神克羅諾斯與寧芙（➡四十八頁）菲琉拉（Philyra）的兒子凱隆。克羅諾斯為瞞過妻子瑞亞而變成馬與菲琉拉結合，所以凱隆才會生為半人半馬的模樣。由於他和半人馬族是不同的父母所生，才會具備他們缺乏的謹慎態度與高度智慧。

他向弓箭之神阿波羅學習弓術，並精通醫學和藝術方面的知識。之後又將習得的知識傳授給許多英雄。在特洛伊戰爭中率領妙爾米頓人（➡一百三十頁）的英雄阿基里斯也是他的學生。

凱隆住在色薩利沛立翁山的洞穴裡，後來跟寧芙卡莉克洛（Chariclo）結婚，生下女兒安狄絲（Endeïs）。但是，眾人尊敬的賢者卻遭遇了不幸。

某天，因打倒九頭蛇（Hydra）而聲名大噪的英雄海克力斯，認識了半人馬族裡思慮周延的波勒斯（Pholus）並接受款待。海克力斯吃到一半覺得口渴，便打開波勒斯帶來的酒。這酒其實是半人馬族的共有物，被酒味吸引過來的半人馬們發現海克力斯擅自開酒飲用而群情激憤。他們襲擊海克力斯，結果反遭對方以塗了九頭蛇毒液的弓箭回擊。

當時，半人馬艾拉特斯（Elatus）逃進凱隆居住的洞窟，瞄準他的箭竟射中了凱隆。凱隆為神所生，因此不會死亡，然而這點卻害慘了他。普通人一旦中了九頭蛇的毒就會當場死亡，但死不了的凱隆卻得永遠嘗到地獄般的痛苦。最後，凱隆乞求神祇免除他的不死之身，這才得以死去。深受感動的宙斯便將他放在天上成為射手座。

至於事件的導火線波勒斯則平安無事，不過他對於海克力斯的箭能夠一擊殺死體型龐大的半人馬一事很感興趣，於是拿著箭仔細觀察。結果手一滑，箭刺到腳背而中毒身亡。波勒斯則變成天空中的半人馬座。

凱隆與騎在他背上、架著弓箭的阿基里斯。19世紀法國畫家歐仁・德拉克洛瓦（Eugène Delacroix）的作品。

用歌聲使人葬身海底的鳥女

賽蓮

【亞人種名】賽蓮、賽壬
【拼法】Siren、Sirène
【主要出處】希臘神話
【分布地區】安特莫艾薩島

賽蓮是一支用優美的歌聲迷惑水手的亞人種。胸部以上是美麗的女性，手和下半身則是鳥類的模樣。她們跟哈碧（➡七十六頁）一樣，都是具備鳥類特徵的知名亞人種。

賽蓮居住在安特莫艾薩島（Anthemoessa），鄰近下半身為怪物的斯庫拉（➡二百四十二頁）與巨大漩渦怪物卡律布狄斯（Charybdis）棲息的海域。若聽見她們的歌聲，就會受到吸引而停止前進，直到死前都無法動彈。因此，賽蓮的身邊總是散布一大堆水手白骨。對水手而言，安特莫艾薩島周邊無疑是棲息了三種怪物的可怕區域。

一般認為賽蓮為姊妹花，人數依傳說而有所差異：

兩姊妹

・希梅洛帕（Himerope，柔聲）、特克西琵雅（Thelxiepeia，媚聲）

三姊妹

・雷柯希雅（Leucosia，白色）、麗姬亞（Ligeia，尖聲）、帕特諾佩（Parthenope，處女之聲）

四姊妹

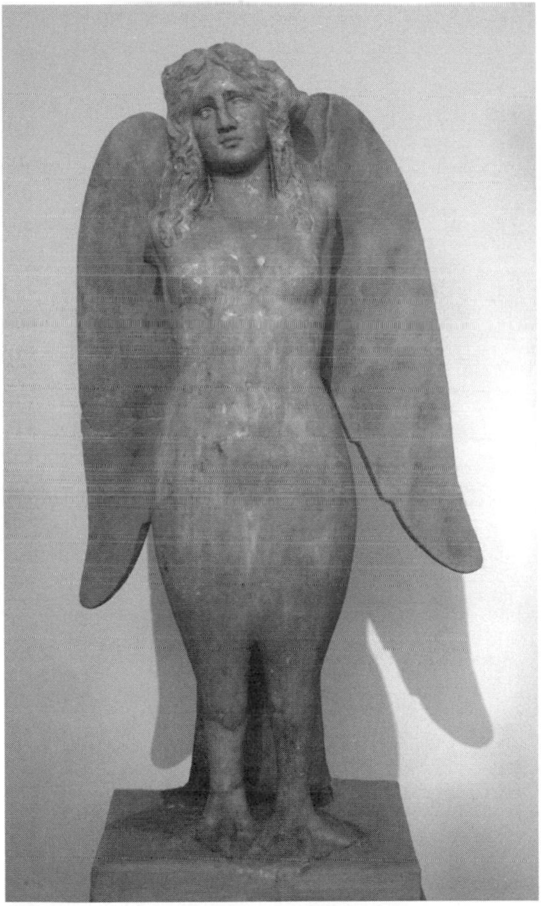

西元前 330 年左右製作的賽蓮像。目前由雅典國立考古學博物館收藏。

遭賽蓮襲擊的奧德修斯一行人。約翰・威廉・華特豪斯（John William Waterhouse）的作品。一群賽蓮包圍綁在帆柱上的奧德修斯，於周圍盤旋歌唱。

・特克西琵雅、阿格勞佩玫（Aglaopheme，媚聲）、佩西諾愛（Peisinoe，說服）、莫佩（Molpe，歌）

從名字的語源來看，可發現她們的名字大多帶有「聲音」的意思。這是用歌聲捕獲獵物的賽蓮特有的命名方式吧！

受到懲罰而改變模樣的賽蓮

賽蓮原本是河神阿契洛斯（Achelous）的女兒，也是服侍女神帕西芬妮的寧芙（➡四十八頁）。但是，帕西芬妮被冥王哈帝斯帶走一事，卻使她們的命運不變。

有人說她們是為了尋找帕西芬妮才自願化身為鳥，也有人說那副模樣是主人遭到綁架所受到的懲罰，何者正確目前不得而知。

《奧德賽》裡的賽蓮

古希臘詩人荷馬的史詩《奧德賽》裡提到，英雄奧德修斯的船經過賽蓮棲息的海域附近時，碰上了賽蓮的襲擊。

奧德修斯命令部下用蠟堵住耳孔，以避免聽到歌聲。至於自己則綁在帆柱上，以免被賽蓮的歌聲吸引過去。奧德修斯事前再三提醒部下，無論發生什麼事都要把他牢牢綁緊，然而聽到歌聲後他卻改口要求部下鬆開繩子。

這段插曲其實有個內幕，據說奧德修斯想聽賽蓮的歌聲，才會採取將自己綁在帆柱上這種麻煩的方法。

另外，沒能讓奧德修斯一行人葬身海底的賽蓮，最後則是衝進海裡而死。

變成人魚的賽蓮

也許是在大海附近出沒的緣故，以歌聲迷惑人類使船隻沉沒的賽蓮，她們的形象逐漸轉變成如同人魚般、下半身為魚的模樣。最後，「坐在露出海面的岩石上，彈奏豎琴等樂器與唱歌」就成了她們普遍給人的印象。如今提到賽蓮，應該有不少人會想到這種畫面吧！

出版過人魚相關著作的福島大學教授九頭見和夫，在他的論文《18世紀前歐洲的「人魚」形象：從「賽蓮」變成「美人魚」》中做出這項結論：根據眾多國外作品與傳說的調查結果，賽蓮是在十四世紀後半葉被視為人魚的一種。

圖片來自《亞得里亞海的賽蓮》一書。模樣猶如人魚的賽蓮正要攻擊船隻。1660 年於義大利威尼斯出版。

貪杯又好色的半人半山羊種族

薩提洛斯

【亞人種名】薩提洛斯
【拼法】Satyrus
【主要出處】希臘神話
【分布地區】希臘的森林與山野

薩提洛斯是希臘神話裡半人半山羊的亞人種，全員都是男性。他們也是山精，被認為是不受自然界抑制的豐饒化身。

大腿以下為山羊腳，不過有別於半人馬（➡五十二頁），薩提洛斯跟人類一樣都是兩條腿。他們有著粗長的尾巴，頭上看得到小小的角或宛如骨頭的突起物。西勒努斯族（➡二百四十二頁）的外觀很像薩提洛斯，不過他們的下半身是馬腳。

薩提洛斯喜歡惡作劇，還是出了名的好色之徒。他們總是追逐附近的寧芙（➡四十八頁），利用她們滿足性慾。

1873 年威廉·阿道夫·布格羅所繪的《寧芙與薩提洛斯》。赤裸的寧芙包圍薩提洛斯的畫面令人印象深刻。

《希臘羅馬神話事典（Gods and Mortals in Classical Mythology）》引用《神譜》作者赫西歐德的描述，指薩提洛斯是赫卡特勒斯（Hecaterus）與阿爾格斯（Argos）的公主所生的五個女兒之子孫。

此外，有人認為薩提洛斯確實存在。古羅馬博物學家老普林尼在《博物誌》中提到，薩提洛斯棲息在印度東部，他們的動作相當迅速，有時還會四肢並用，十分不易捕捉到他們。根據老普林尼的說法，人類能抓到的薩提洛斯若不是因為生病而體力衰弱，就是年紀非常大了。

「薩提洛斯確實存在」的迷思，直到一千五百年後的十六世紀依然存在。瑞典地理學家奧拉斯·馬格努斯（Olaus Magnus），在網羅歐洲北部文化與傳說的《北方民族文化誌（Historia de Gentibvs Septentrionalibvs）》中提到，薩提洛斯並非擁有肉體的亞人種，而是一種幽靈。根據他的說法，歐洲北方各地都有人目擊到薩提洛斯徹夜跳舞的景象。

教導牧羊人吹笛技巧的潘恩銅像。

現今薩提洛斯給人的印象是上半身為人、下半身為山羊的種族，但其實當初他們並不是這種模樣。直到西元前四世紀左右薩提洛斯才被賦予山羊的特徵，之前在希臘神話裡他們的外觀與人類並無差別。

牧神潘恩

希臘神話中半人半山羊的牧神潘恩（Pan），有時也會因外表與扮演的角色而被視為薩提洛斯。他的父親據說是主神宙斯或牧羊人的守護神荷米斯（Hermes），母親則是寧芙。

潘恩也跟薩提洛斯一樣，是出了名的好色之徒。描繪潘恩時畫家常會強調他的性器官。

他追求過許多寧芙，但成功率頗低。潘恩曾追求女神阿蒂蜜絲的侍女席琳克絲（Syrinx），但席琳克絲想保持純潔之身，於是變成河邊的蘆葦躲避潘恩的求愛。悲傷的潘恩便以她化身的蘆葦做成笛子。這樣的發展，相當類似太陽神阿波羅和寧芙達芙妮的故事。

此外，潘恩也無法忍受女性的輕視，當他得知擅長歌舞的寧芙愛可（Echo）輕視男人的愛情後，便將她殺了大解八塊。後來愛可飛散到世界各地，成了只會重複說話者語尾的存在，也就是所謂的回聲。

羅馬神話裡的法努斯

古羅馬帝國的神話「羅馬神話」裡，同樣可以見到法努斯（Faunus）這種半人半山羊的亞人種。他們是守護自然、帶來豐收並傳達神諭的神祇。在羅馬尚只是一個城邦的時代，法努斯曾於羅馬與北方鄰國伊楚利亞（Etruria）的戰爭中現身，預言羅馬將獲得勝利。

從遭到火山灰掩埋的龐貝城挖掘出來的羅馬神靈法努斯的銅像。下半身並非山羊腳。

原本羅馬的法努斯，跟薩提洛斯及潘恩不同，並非淫亂放蕩的神祇。但在羅馬文化受到希臘影響後，法努斯就跟薩提洛斯及潘恩混淆在一起。在後世的基督教文化中，法努斯跟他們一樣，都被當成使人做春夢的「夢魔」。

適應海中生活的醜陋魚人

半魚人

【亞人種名】半魚人
【拼法】Merman、Mermaid
【主要出處】全球的民間傳說
【分布地區】全球的海洋、河川、湖泊

說到身體一半是人、一半是魚的存在，各位的腦中會浮現出什麼樣的畫面呢？想必不少人會想到下半身為魚，上半身為人的人魚（Mermaid）吧！人體與魚尾的比例幾乎是一比一，上半身展現美麗的裸體曲線，下半身的魚尾則散發冶豔無比的光澤。他們在創作世界裡亦是大受歡迎的亞人種。

在西方，著名的人魚傳說有住在德國萊茵河，以歌聲引發船難的羅蕾萊（Lorelei），而在日本，則是誤食人魚肉而活了八百年的女性「八尾比丘尼」的傳說特別有名。

另外還有一種「半魚人」，他們是魚身的比例比人身多，模樣醜陋的亞人種。

據說確實存在的半魚人「主教魚（➡二百二十頁）」。長滿鱗片的軀體，影響了半魚人日後的形象。

1899 年約翰・柯里爾（John Collier）的作品《The lady baby》。中世紀以後，歐洲繪製了不少這類模樣美麗的人魚畫作。

克蘇魯神話裡的半魚人——深潛者

本節介紹的半魚人跟前述的人魚一樣都有「半魚」的特徵，但他們除了「以雙腳行走」、「人形」這兩點外，外觀幾乎跟魚類沒有兩樣，看起來一點也不漂亮。醜陋的半魚人通常給人的印象就是全身被覆綠色鱗片，手腳有蹼，臉部像魚或青蛙。

這種模樣的半魚人廣為一般人所知的原因之一，在於美國恐怖小說家霍華德・菲利浦・洛夫克拉夫（Howard Phillips Lovecraft）的作品。他的小說裡，出現一群遭受詛咒，身體逐漸被魚類特徵侵蝕的人——深潛者（Deep One）。在一九三六年出版的短篇小說《印斯茅斯疑雲（The Shadow Over Innsmouth）》中，深潛者是美國東北部麻薩諸塞州（Massachusetts）艾塞克斯郡（Essex）的蕭條港鎮「印斯茅斯」的居民。周遭稱他們為「印斯茅斯臉」，且十分厭惡他們。印斯茅斯臉是指他們的長相猶如青蛙之類的兩棲類，而且會隨著年紀增長而變得越發醜陋。

其實印斯茅斯的居民是來自太空的謎樣神祇克蘇魯（Cthulhu）的眷屬，變醜則是一種返祖現象，他們只是變回身為克蘇魯眷屬當時的模樣罷了。

這些深潛者信仰邪神達貢（Dagon）與其妻許德菈（Hydra）。他們的行為跟狂熱宗教團體沒有兩樣，在《印斯茅斯疑雲》裡，主角因節省旅費而來到印斯茅斯，結果遭到他們襲擊，經歷恐怖的一晚。

順帶一提，達貢原是古巴勒斯坦的居民非利士人（Philistines）信奉的海神，本質沒有一絲邪惡，後來卻被基督教視為邪神，因而被定型為可怕的惡魔。

《龍與地下城》裡的寇濤魚人

「半魚人＝邪惡」的印象確立之後，史上第一款角色扮演遊戲《龍與地下城》裡，也誕生了幾種模樣近似深潛者的亞人種。

《龍與地下城》第四版中，有一支可稱為半魚人的亞人種——寇濤魚人（Kuo-toa）。

寇濤魚人是《龍與地下城》的費倫（Faerûn）世界裡，位在寬廣地下幽暗地域（Underdark）的居民，他們住在幽暗地域特有的黑色大海裡。生長在漆黑海水裡的寇濤魚人，即使在黑暗中也能看得一清二楚。他們把其他種族視為自己的奴隸，或是獻給神明的祭品，因此要是遇到他們最好趕緊逃命。

寇濤魚人的平均身高約一百五十公分，體重平均七十三公斤，跟人類差不多。他們有著跟魚類一樣的尖頭，只要靠近他們就會聞到魚肉腐敗的臭味。

創作世界裡的半魚人——薩華亙

一九七五年版的《龍與地下城》裡，出現名為「薩哈金（Sahagin）」的半魚人。由於薩哈金較常出現在近幾年的創作中，知道這個種族的人應該不少吧？這是一種全身被覆綠色鱗片，長相近似青蛙，並有著蜥蜴尾巴的水棲生物。

他們在最新的《龍與地下城》第四版裡則以「薩華亙（Sahagin）」的名稱登場。薩華亙是善於水中狩獵生活的海棲亞人種，手腳有蹼，並有一條蜥蜴類的長尾巴，身上還有魚鰭，彷彿在表明他們原本就是魚類。

薩華亙會結黨攻擊周邊的城鎮或村落，其凶惡的程度使他們獲得「海中惡魔（Seadevils）」的稱號。他們與住在海裡的水精靈（Aquatic Elf）感情極差，雙方的糾紛時常牽連到在附近航行的船隻，令從事海運的人類相當頭痛。

在薩華亙與寇濤魚人這類創作世界裡的半魚人廣為人知後，邪惡醜陋的形象就此確立，繼而形成「半魚人＝邪惡」的印象。

在浪濤間吹響海螺的活潑海神

崔坦

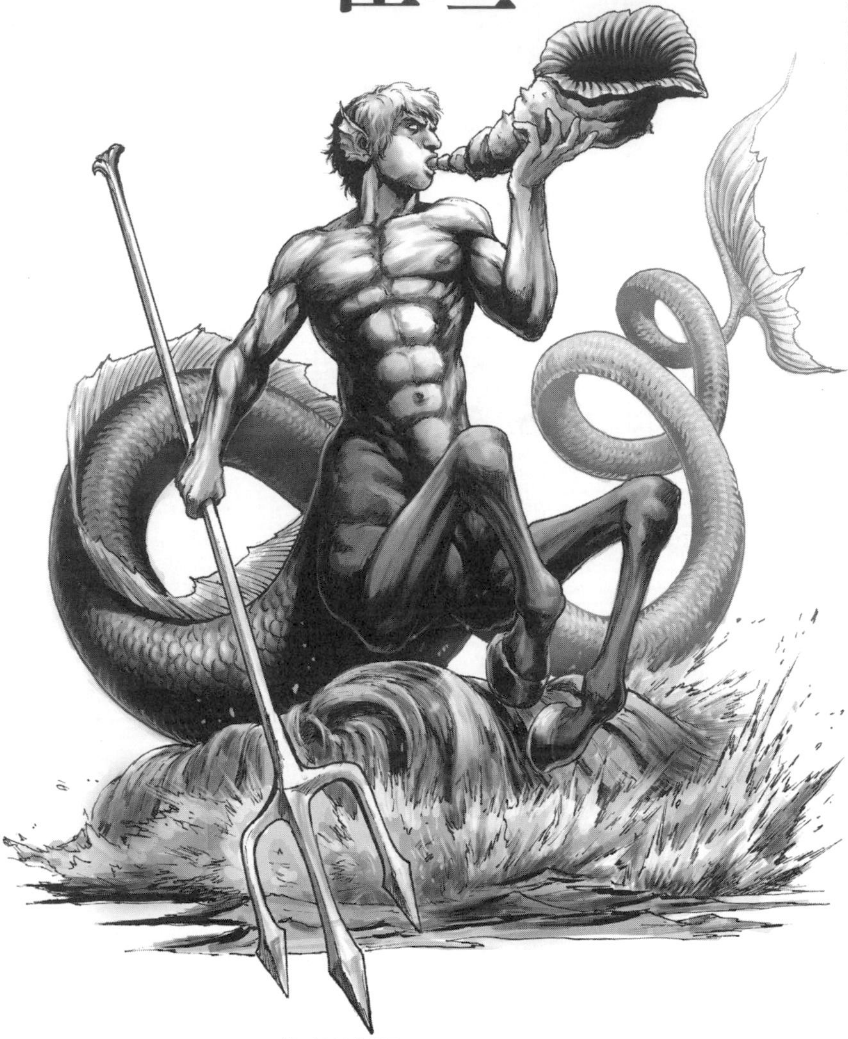

【亞人種名】崔坦
【拼法】Triton
【主要出處】希臘神話
【分布地區】希臘、地中海

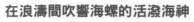

崔坦是希臘神話中的小海神一族。他們是海神波塞頓與寧芙（➡四十八頁）安菲特莉塔的兒子，上半身為被覆魚鱗的人類，下半身則是蛇尾，尾巴通常會捲成螺一般的形狀。此外在後期的神話裡，有些崔坦的下半身是海豚尾巴。頭髮為綠色或金色，尖耳的後方有鰓，嘴裡有著大獠牙，背上則有魚鰭。他們跟父親波塞頓一樣大多拿著三叉矛。

他們是大海寧芙涅瑞絲的守護者，亦是神祇的侍者。波塞頓與安菲特莉塔外出時，崔坦就會騎著海馬吹響海螺，告知眾人海神的到來。他們手上持有的海螺還具有召集魚兒、掀起巨浪、平息暴風雨等力量。希臘神話中有一則故事提到，厭惡人類的主神宙斯，引發大洪水想要消滅人類。這場大洪水使世界幾乎泡在水裡，後來是用崔坦的海螺讓大水消退。

大都會藝術博物館收藏的黃金臂環。臂環上的海神崔坦抱著小男孩「普特（Putto）」。

根據希臘詩人赫西歐德的描述，崔坦是掌管大海深度的神祇，平常住在埃蓋（Aigai）海底的黃金宮殿裡。

海神的侍從

崔坦大多不作為單一神祇的名字，而是由一群小神組成的種族。

英雄艾涅厄斯（Aeneas）惹火了女神希拉，為暴風雨所苦，波塞頓不滿希拉干預大海，於是下令要崔坦把大海寧芙涅瑞絲帶來，將艾涅厄斯送到迦太基的岸邊。

希臘神話著名的故事《阿爾戈號的冒險》裡也看得到崔坦的身影。色薩利（位於今希臘中部的城邦）的王子亞森（Jason），為取得位在對岸國家的金羊毛，於是召集全希臘的勇士搭乘阿爾戈號（Argo）啟程。

航行途中阿爾戈號遭遇大海嘯，勇士們扛著船上岸，逃到利比亞（今非洲大陸）的特里托尼斯湖（Lake Tritonis），但是他們必須再度回到海上，後來，勇士們向俊美青年艾琉皮洛斯（Eurypylus）請教前往地中海的路，這才突破了難關，而這位青年據說就是崔坦變身的。因為這則神話的關係，後世便把崔坦當成特里托尼斯湖的神祇。

另一方面，古希臘奧維帝亞（Boeotia）地區的塔納格拉（Tanagra），則把崔坦視為危險的存在。塔納格拉的女性到海邊沐浴，以便在酒神祭中向戴歐尼修斯（Dionysus）獻上祭品，結果卻遭到崔坦攻擊，於是，戴歐尼修斯便與崔坦打了起來。另外還有一名崔坦也被抓起來處死，因為這名崔坦吃掉了家畜，後來有人送他葡萄酒，等他喝得酩酊大醉就把他抓起來。

或許是這段插曲的影響，到了中世紀，崔坦就被當成男版賽蓮，猶如賽蓮那般會欺騙、勾引在海上旅行的女性。

在其他神話裡，崔坦則因為威脅到人類，而被大力士英雄海克力斯打倒。

此外，崔坦可用法螺召集魚兒，因此人們相信崔坦能帶來豐富的漁獲，信仰範圍遍及各地。尤其在地中海周邊，建築物的裝飾都可見到崔坦的身影。十六世紀法國醫生安伯瓦茲・巴雷（Ambroise Paré）的著作《論怪物與驚異（Des Monstres et Prodiges）》中，便有男女崔坦出現在埃及尼羅河裡的記述。

半人馬魚

半人馬魚跟崔坦常被視為相同的種族。半人馬有著人類的軀幹與頭部，下半身為馬，至於半人馬魚則是馬身的後半部為魚或是海豚尾巴。西元三世紀，亞歷山卓撰寫的自然誌《博物學家（Physiologus）》當中就可見半人馬魚的蹤跡，之後，中世紀的動物寓言也加入半人馬魚的題材，直到十八世紀為止都常運用於歐洲的陶器與金屬製品的裝飾。

不曉得是哪一則神話傳說提到，崔坦的父親海神波塞頓，本來是掌控地震的大地之神，同時也是馬神。事實上，天馬佩格薩斯（Pegasus）就是梅杜莎（➡二百三十六頁）與波塞頓的兒子。可能就是這個緣故，才會誕生出崔坦的亞種半人馬魚，後來到了中世紀，承襲古希臘文明的東歐拜占庭帝國作家們又將半人馬魚的故事流傳出去。

出乎意料地愛拈花惹草？波塞頓的孩子們

儘管沒有主神宙斯那般誇張，海神波塞頓也常與女神或人類女性發生關係，生下崔坦與前述的佩格薩斯等許多孩子。當中較出名的，有日後變成獵戶座的青年奧里翁（Orion），以及挑戰強壯的旅人、將殺死的旅人屍骨或所持的寶物裝飾在波塞頓神殿的巨人安泰厄斯（Antaeus）。

除了神話中的生物外，波塞頓也創造了不少海中生物。比方說章魚、河豚、海葵等生物，據說就是波塞頓親手創造出來的。

斯堪地那維亞地區的小鬼怪

食人妖

【亞人種名】食人妖
【拼法】Troll
【主要出處】斯堪地那維亞的民間傳說
【分布地區】斯堪地那維亞半島等地

食人妖是斯堪地那維亞半島西海岸的挪威等北歐諸國家喻戶曉的亞人種。他們並沒有固定的身形，有時巨大，有時矮小。這是因為食人妖擁有變身能力，他們的外表向來是暫時的，不過可以確定的是，他們都有一張醜陋的長相。

一般對食人妖的印象，不外乎是身軀龐大、力大無窮、遲鈍沒腦袋的怪物。此外，他們還擁有自然恢復能力，強壯到一點小傷很快就能癒合，而這些形象源自於近代的角色扮演遊戲。

接下來，我們就依序來看民間故事裡的妖精食人妖是如何轉變成怪物的。

「小心食人妖出沒」的道路標誌。只有在食人妖已融入生活當中的挪威才看得到這種看板。攝影者：Hesse1309

斯堪地那維亞民間故事裡的食人妖

在《食人妖的心臟》這則民間故事中，出現了罕見的鳥形食人妖。有名年輕人為了救回被抓走的女兒，便帶著同伴鵜和狗偷偷溜進食人妖的住處，叫女兒喚醒熟睡中的食人妖問他問題，食人妖生氣歸生氣，為了能好好睡一覺的他還是老實回答了問題，接著又陷入沉睡。年輕人因此得知食人妖的心臟就藏在巨魚保護的山林裡、一隻躲在母山羊群裡的鴿子體內的蛋當中，於是他摧毀心臟，平安無事地與女兒回家。

瑞典的民間故事《慷慨的食人妖》裡，則出現好心腸的食人妖。某天，有戶人家想邀請鄰居食人妖參加洗禮儀式（基督教的儀式），食人妖雖然是個好人，卻也是名大胃王，如果邀請他來會很吃虧。於是，這個家的兒子就去拜訪食人妖。

食人妖詢問邀請他的少年，儀式中有無音樂，少年便回答：「聖米迦勒會來敲鼓」。之前食人妖曾被聖米迦勒（另有一說為雷神索爾）扔過鼓棒，害怕聖米迦勒的食人妖便放棄出席儀式。但他還是想答謝對方的邀約，於是給了少年金幣，沒想到少年卻說：「別人送的金幣比你還多」，食人妖便將持有的金幣全給了少年。

能從狡黠的食人妖手中騙到金幣，可見少年是個比食人妖還壞的人。

《魔戒》裡的食人妖

斯堪地那維亞的妖精，在約翰・羅納德・瑞爾・托爾金於一九五四年出版的《魔戒》裡，轉變成充滿惡意的異形怪物。

仿照森林之住民「樹人（➡一百七十二頁）」所創造出來的食人妖，是一群跟隨黑暗魔君索倫的邪惡怪物。

弱點是照到陽光就會石化，不過他們動作迅速，一旦集體發動攻擊，普通人是無法與之對抗的。之後出現了克服懼光弱點的巨魔（➡一百六十八頁），他們成為索倫陣營的主力軍，對抗與他們為敵的人。

我們熟知的怪物食人妖，其形象便是源自《魔戒》裡的食人妖與巨魔。而在全球第一款角色扮演遊戲《龍

位在挪威塞尼亞島（Senja）上，尺寸最大的食人妖像。

與地下城》中登場的食人妖，則是承襲這些設定所誕生出來的種族。

《龍與地下城》裡的食人妖

TRPG《龍與地下城》裡的食人妖有著綠色皮膚與尖牙，他們用下垂的粗壯手臂拿武器打碎獵物。根據最新版的《怪物圖鑑》，食人妖往往猶如凶惡的盜賊團一樣集體行動，找尋可劫掠的獵物，一旦發現不錯的狩獵場，便會一直狩獵到不剩半隻獵物為止，貪婪的程度遠勝過其他種族。

此外，他們雖然不像《魔戒》裡的設定那樣曬到陽光就會死亡，不過身體若碰到火或酸就會燃燒而死。反過來說，如果對手不用火或酸攻擊，即使受到再嚴重的傷，一段時間後他們就會一臉沒事地站起來。單憑掠奪欲與再生能力這兩點就可看出，食人妖已經進化成多麼棘手的亞人種。

在集體行動的食人妖中，也有智能較高的個體以傭兵身分在社會上生存。這些食人妖士兵是擁有不死之身的可靠傭兵團，不過若沒有雄厚的財力還是別僱用他們比較好。

只要委託期間有人出得起比報酬還高的金額，他們就會立刻背叛雇主，以報酬為優先。信賴或義理這類人情倫理是無法束縛見異思遷的他們。

另外還有超越食人妖士兵的高等品種——凶暴食人妖（Fell Troll），他們巨大到能一口吞下人類。

只要把一～兩隻凶暴食人妖放在人類聚落裡，所有的家畜和人類都曾在一夜之間被他們吃光光。由此可知，凶暴食人妖是多麼可怕的存在。

半人半鳥的美麗姊妹花

哈碧

【亞人種名】哈碧、哈碧亞
【拼法】Harpy、Harpyia
【主要出處】希臘神話
【分布地區】愛琴海（希臘近海）

廣為人所知的飛行亞人種哈碧，是源自希臘神話的一個種族。哈碧原本是服侍主神宙斯的風之精靈，經過漫長歲月後才被歸類為亞人種。

基本上，她們的外表是全裸的人類女性，下半身則由鳥類的大腿與鉤爪所取代，雙臂處則變為翅膀，只要振翅一揮就能翱翔天際。根據古希臘學者赫西歐德彙整的希臘神話《神譜》記述，哈碧飛翔的姿態足以媲美鳥類，速度如風一般。

《艾涅斯記》裡哈碧攻擊人類的場景。1646年，法國畫家法蘭西斯・沛里爾（François Perrier）繪。

哈碧的「骯髒」形象

說到希臘神話中的鳥形亞人種，還有第五十六頁所介紹的賽蓮。但是，哈碧不同於以歌聲誘惑人類的賽蓮，而是採接近戰的方式攻擊人類，且被視為極度骯髒的怪物，是一種負面印象強烈的生物。

記載希臘神話傳說的文獻中，清楚描述了哈碧的污穢形象。在英雄傳記《艾涅斯記》中，哈碧是一種有著少女姣好面容的鳥類，她們有著鉤狀的爪子，會排泄令人忌諱之物，總是臉色蒼白，處於飢腸轆轆的狀態。此外，哈碧雖然擁有不死的能力，但是會從體內散發惡臭，終日發出刺耳的鳴叫聲。她們總是無法感到飽足，因此身體十分虛弱，所以每當她們從棲息的山林飛下來時，

沒有人類的身體，只有頭部是人類女性的哈碧。這是中世、近世歐洲常見的表現手法。1747 年，瑞典畫家約翰・帕休（Johan Pasch）繪。

就會襲擊人類舉辦的慶典，把餐宴搞得一片狼籍。

聚集希臘神話中英雄們的傳奇故事《阿爾戈號的冒險》裡，就記載過治理希臘北部色雷斯（Thrace）地區的國王，每每用餐時就會飛來一群哈碧，在餐桌上灑了一堆排泄物，糟蹋那些美食的場景。最終她們被搭乘冒險船阿爾戈號的英雄們給消滅了。

在赫西歐德的《神譜》裡，哈碧是盜取死者靈魂的邪惡存在。因此書中認為哈碧住在墓地或地底，而非山中。

哈碧是三姊妹？還是四姊妹？

哈碧這個名稱是單數形，複數形則為「Harpuiai」。她們在故事裡大多是集體出沒，鮮少單獨行動，經常登場的哈碧則以姊妹稱之。這些哈碧的名字分別是愛耶洛（Aello，疾風）、奧琪佩特（Okypete，疾飛）、克萊諾（Kelaino，黑暗），她們合稱為「哈碧三姊妹」。

只不過，哈碧並不一定都是三姊妹。在不同的傳說裡，哈碧有時是兩姊妹，有時是四姊妹，至於第四位姊妹的名字則是波達格（Podarge，疾走）。

希臘時代以後的變化

基督教在歐洲流傳開來後，宗教藝術的領域流行以生物的生態對應道德善惡的手法。哈碧的貪婪特性自然被拿來表現負面的倫理觀念，變成代表「凶猛」、「野蠻」、「慣竊」、「罪惡」等意義的生物。另外，基督教的神學家創造「七宗罪」這個名詞，意指「使人類墮落的七種惡德」。總是處於飢餓狀態、奪取他人食物的哈碧，便成為對應七宗罪中「貪婪」的怪物。舉例來說，闡述道德理念的繪畫作品，有時會描繪眼盲的老婦人緊握錢包，不願分享給窮人的場景。這種時候，犯了「貪婪」罪的老婦人旁邊一定畫著哈碧。

不過，哈碧並不只有邪惡的象徵，有時她們也會成為「音樂」的代名詞，運用於裝飾上。

到了一七世紀，哈碧的外觀起了變化，出現具有海棲生物的特徵，她們身體的一部分被覆鱗片，下半身宛如一條蛇，這也使得哈碧與類似的亞人種「賽蓮」變得越來越難區別。

1789 年，法國大革命時期繪製的諷刺畫。哈碧的身上被覆著鱗片。

羅馬尼亞傳說裡的龍人

茲梅

【亞人種名】茲梅
【拼法】Zmeu
【主要出處】東歐的民間傳說
【分布地區】羅馬尼亞等地

茲梅是東歐民間傳說裡的龍人。本節就為各位介紹羅馬尼亞的民間傳說中，以茲梅為代表的龍人。

龍人是一種具備西洋龍特徵的人形亞人種，在民間故事《勇士佩特雷亞與依蕾娜》中登場的龍人茲梅，就擁有吸引人類女性的外型。這位受誘惑的女性審美觀不會太過特殊，所以應該可以想見那名茲梅的容貌很接近人類。此外，故事裡還有「水乳交融」之類的描寫，所以說不定茲梅也能跟人類繁延後代。

羅馬尼亞的龍人都擁有強大的力量，但是他們的敵人、亦即民間故事的主角都太過厲害，因此感覺不到他們的強悍之處。實力雖強，戰敗的方式卻有點滑稽，就是羅馬尼亞龍人給人的印象吧！

勇士佩特雷亞與不幸的茲梅家族

羅馬尼亞的民間故事《勇士佩特雷亞與依蕾娜》中可見茲梅七兄弟的身影。

他們在森林裡建造氣派的房屋過著安穩的生活，某天有個名叫佩特雷亞的人類闖進他們的地盤。佩特雷亞雖然直到七歲才斷奶，最後卻成長為無人能匹敵的勇士。他不費吹灰之力就殺死了六名茲梅。唯一倖存的茲梅，則是因為佩特雷亞對他的美貌很感興趣，才饒他一命，幽禁在房子裡。

佩特雷亞把茲梅的房屋據為己有，並把母親接來一起生活。沒想到，母親在打掃房子時不小心打開幽禁茲梅的房間，後來更與茲梅成為情侶。

毫不知情的佩特雷亞則在森林裡結識了美女依蕾娜．柯絲札納，並忙著與她約會。佩特雷亞的母親在兒子外出期間與茲梅滋生情感，最後竟萌生了除掉兒子佩特雷亞，與茲梅兩人一同生活的想法。

茲梅想到裝病這個辦法，於是母親按照指示欺騙擔心的佩特雷亞，說她的病得喝用夢幻雛鳥煮成的湯才能治好。然而夢幻之鳥的鳥巢就位在連茲梅七兄弟合力挑戰也無法靠近的危險區域，他們實際上是打算讓佩特雷亞去那裡送死。

沒想到，佩特雷亞聽從情人依蕾娜的建議，順利帶回了雛鳥。傷腦筋的茲梅和母親接二連三派佩特雷亞去危險的地方，然而他都大難不死，茲梅最後想到了一個辦法，就是給佩特雷亞三根絲線要他扯斷。其中一根絲線堅韌到能割斷人的手掌，茲梅想用這個方法切斷佩特雷亞的手，使他無法反擊。

於是，母親把絲線拿給佩特雷亞，對親人深信不疑的佩特雷亞就這麼失去了手掌。而茲梅就趁這個機會把佩特雷亞大解八塊。

假如故事到此便結束，那麼茲梅就能迎接幸福的結局，可惜故事還有後續。死亡的佩特雷亞藉由依蕾娜的力量復活了，茲梅發現佩特雷亞返回家中，便化為孔雀逃到樹上，可惜最後仍被追上而遭到殺害。之後，佩特雷亞煮熟茲梅的心臟，向背叛他的母親說：「如果我對妳不夠忠心，這顆龍人的心臟就會在我眼裡爆炸，反之，如果妳對我不忠，它也會在妳眼裡炸裂。」話還沒說完，心臟就飛到母親的眼前炸開，瞎了雙眼的母親就只能這麼等死了。

回顧整篇故事，內容並未提到茲梅做過什麼壞事，只因為他們是龍人就慘遭人類殺害，可以說是令人同情的亞人種。

女龍人史可爾碧亞

一如《勇士佩特雷亞與依蕾娜》中不幸的七兄弟，茲梅大多以家庭為單位生活，鮮少建立聚落。在民間故事《多雷剛・契努休》中，則出現由母親史可爾碧亞當家作主的茲梅家庭。故事裡有茲梅騎馬對抗人類的橋段，由此看來他們應該是跟人類差不多大的亞人種。

某天，皇帝與皇后不小心踏入史可爾碧亞的地盤。史可爾碧亞一氣之下，偷走了月亮、星星與皇帝的眼珠，讓世界籠罩在黑暗之中。

皇帝的長子與次子前去討伐史可爾碧亞，卻因為付不起餐費這種可笑的過失而被當成罪人逮捕。這時輪到故事的主角——皇帝的三子多雷剛・契努休登場了。他為了救回被抓的兄長而闖入史可爾碧亞的地盤，依序騎著金馬、銀馬、銅馬與史可爾碧亞的三個兒子交手，並且一一擊敗他們。

史可爾碧亞得知兒子的死訊後怒不可遏，又派兩名女兒去當刺客。她們一人變成蘋果樹，另一人則變成泉水埋伏，但是多雷剛・契努休識破她們的偽裝，一舉砍死她們。失去所有家人的史可爾碧亞，花了一年的時間追殺多雷剛・契努休，最後被丟進嘴裡的滾燙鐵球燙死。

順帶一提，民間還流傳一則劇情相同的故事《葛雷察恩》。在這則故事裡，史可爾碧亞家不僅新增父親的角色，還多了一名女兒。除了這兩點外，內容幾乎與《多雷剛・契努休》一致。

北歐的食人怪物

食人魔

【亞人種名】食人魔
【拼法】Ogre
【主要出處】北歐的民間傳說
【分布地區】北歐

所謂的食人魔便是歐洲民間故事裡的食人怪物。女性食人魔則稱為「Ogress」。「Ogre」是最後被廣泛運用的名稱，最早出現在一六九七年於法國出版的民間故事《長靴貓》裡。在那之前都直接叫做「食人怪物」。

在近代的創作中，食人魔給人的印象多半是頭腦簡單四肢發達的笨蛋。桌上角色扮演遊戲《龍與地下城》裡的食人魔就是典型的例子，儘管擁有強健的肉體與超強的臂力，腦袋卻非常不靈光，連一到十都不會數，說話只會講片語，還遭到力量較弱的種族欺騙而被當成奴隸對待。

不過，民間傳說裡的食人魔不但十分有智慧，還擁有神奇的力量與寶物，無法隨便唬弄他們。想打倒他們，就得靠智慧與運氣，且要有熟悉食人魔的幫手才行。

古斯塔夫・多雷（Gustave Doré）所繪的《長靴貓》插圖。中間留著大鬍子的男人就是食人魔。

著名童話《傑克與豌豆》中的食人魔，擁有會生金蛋的母雞以及會自動彈奏的豎琴。主角則在溫柔的食人魔之妻幫助下，切斷建築在雲上的食人魔城堡與地面連結的豌豆莖，因而獲得神奇的寶物。

擁有魔法鑽石的食人魔

收錄在《法國民間故事集》的「碧亞尼克與食人怪物」中，主角是身長三公尺、體寬一・五公尺、每步的重量達一百公斤的食人魔。故事敘述誤闖孤島的年輕漁夫親眼看到食人魔吃掉一整頭烤牛、喝下一整桶的葡萄酒、放的屁相當於六發槍砲的威力，還把主角碧亞尼克給彈飛了。

於是，聰明的碧亞尼克謊稱自己是「剛才的屁所生的」，順利成為食人魔的兒子。食人魔很高興地把自己的城堡鑰匙交給碧亞尼克，碧亞尼克就藉此偷走食人魔的力量來源——能夠實現願望的魔法鑽石，接著建造鑽石城堡與法國公主結婚。

結果，當食人魔發現鑽石被偷走後相當傷心，立刻帶著所有的鑽石去巴黎，宣稱可以用舊鑽石換得兩顆新鑽石。碧亞尼克的妻子不知道魔法鑽石的價值，單純覺得「賺到了」，因而跑來交換，食人魔便這樣順利取回鑽石，結果碧亞尼克失去所有魔法力量，還因為欺騙公主遭判斬首之刑。

後來，忠心的母狗又把鑽石偷了回來，才讓碧亞尼克逃過一劫，並殺死要他性命的國王（前妻多半也死了），故事就此劃下句點。

食人魔的女兒是魔法師

法國民間故事《碧鳥》中有一篇故事講述食人魔的家庭。故事裡，迷了路的年輕人與食人魔的女兒墜入情網，兩人決定私奔逃離食人魔父親。值得一提的是，流著食人魔血統的女兒能夠施展厲害的變身術。

面對以驚人之勢追上來的食人魔，他的女兒把自己變成梨樹，並把年輕人變成採梨子的女性。

食人魔沒發現兩人而返回家裡，但不久又不死心地追了上來。第二次女兒變成修道院，年輕人則變成修道士，第三次女兒變身鯉魚，年輕人變成河川。這種超越變身範疇的魔法一再騙過食人魔父親，最後害他掉進年輕人變成的河裡淹死了。

日本&東洋神話與傳說裡的亞人種

Oriental Demi-human

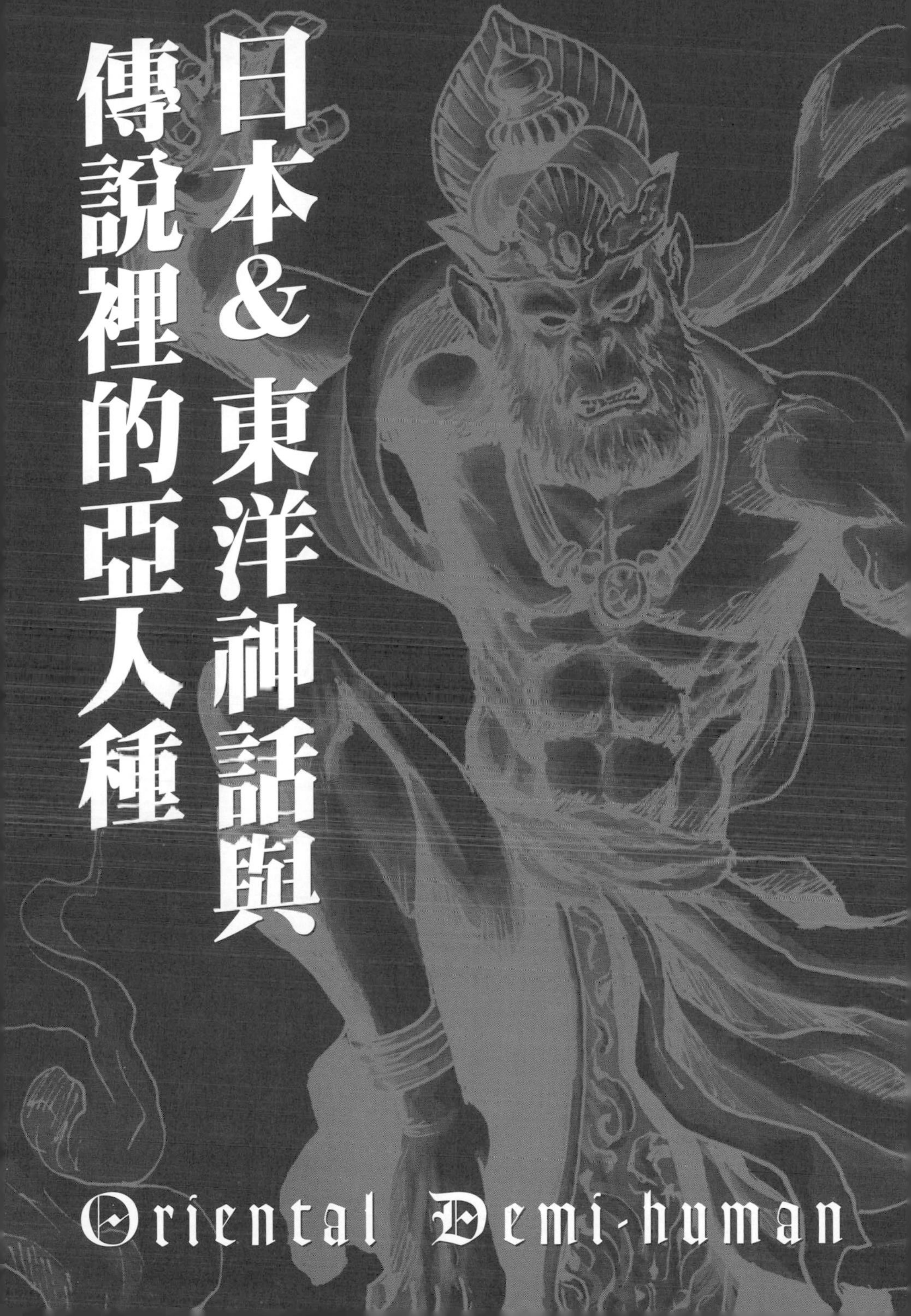

舔了甘露的地底蛇神

那伽

【亞人種名】那伽（女性為那吉尼）
【拼法】Nāga、Nāgiṇī
【主要出處】《梨俱吠陀》、《摩訶婆羅多》、《毗濕奴往世書》、《阿耆尼往世書》、《薄伽梵歌》
【分布地區】印度

那伽是印度神話裡的半神蛇族。那伽在梵語為「蛇」之意，跟英語的「snake」同義。他們是上半身為人類，下半身為響尾蛇尾巴的半神，有時候他們也會是擁有五顆頭或七顆頭的神聖多頭眼鏡蛇。響尾蛇的毒性和神祕的習性，使牠們受到全印度的畏懼與崇拜。此外，牠們每年都會脫皮，因而被視為不死的象徵。

那伽族的祖先——蛇王舍沙，是天界仙人伽葉波與妻子伽德盧的兒子。伽葉波是創造神梵天，以心靈所創造出來的仙人，也有人說他是暴風神之首摩利支的兒子或父親。他是生主（Prajapati，造物主）之一，有二十一位妻子，更是許多種族的始祖。妻子伽德盧的名字有「紅褐色」的意思，由於她生下了舍沙以及統治下界波吒羅（Patala）的婆蘇吉，還有多剎伽等多位蛇王，因此亦被稱為「千匹多頭蛇之母」。

地下世界的守衛與甘露

那伽族是地下世界波吒羅（在印度神話中相當於地獄）的守衛，保護各種惡鬼與妖魔居住的地方，所以那伽族有時也被視為邪惡的蛇，但因為他們也有仙人之子的身分，偶爾也會被當成神聖的存在崇拜。

那伽族管理的波吒羅是七層下界裡的最下層（有時也會將整個下界稱為波吒羅）。金翅鳥迦樓羅的母親毗娜達就被囚禁在這裡，迦樓羅前來救走母親時，

印度繪製的那伽圖。如圖所示，那伽居住在地底下。

灑落了幾滴甘露（靈藥），後來有幾條蛇舔了滴落的甘露後，便得到接近神明的力量，因而變成五頭蛇或七頭蛇。他們的頭上頂著三界中最璀璨的寶石，照亮了黑暗的地下世界。

蛇王

那伽族裡最厲害的就是蛇王（Nagaraja），或稱為大蛇（Mahanaga）。他們因為與諸神接觸而受惠，人們將之當成神一般崇拜。

那伽族的祖先蛇王舍沙為千頭蛇，創造世界時他化身徜徉宇宙之海的船，讓毗濕奴坐在他的頭上。因此他也被稱為「支撐世界者」、「抬起七層波吒羅（地獄）者」，只要打個呵欠就會引發地震。舍沙又有阿難陀（Ananta，無限蛇）之稱，常被視為永生的象徵，有時也會被當成最高神毗濕奴的化身「大力羅摩」之化身，跟後述的婆蘇吉神格相似。

諸神攪拌乳海創造天地時用來攪拌的繩索，即是伽葉波與伽德盧的兒子——那伽族的婆蘇吉。當時，婆蘇吉是波吒羅的統治者，被視為邪惡的存在，不過這個行為卻使婆蘇吉的罪孽獲得淨化。之後，婆蘇吉就成為善良的蛇王，化為濕婆的腰帶，協助濕婆消滅惡魔。

婆蘇吉的妹妹摩納娑（Manasa），則是能保佑人免於蛇毒所傷的祛毒女神（Vishahara），因而受到人們信仰。她是仙人闍羅迦盧的妻子，亦稱為「璀璨之女（Jagadgaurī）」、「永恆之女（Nityā）」、「持蓮者（Padmavati）」。另外，一如嫁給史詩《摩訶婆羅多》的主角般度族王子阿周那、生下宴豐的優樓比那樣，人類與那吉尼（女性那伽）也能夠結婚。

此外，南印度王朝的祖先裡也有不少那吉尼。

那伽信仰與傳播

蛇神那伽是源自印度幾千年前就有的信仰。到了雨季，印度人對蛇的景仰就變得格外強烈。原因在於雨季開始後蛇就會突然湧現，因而被視為掌管雨水與生命更迭的神祇。尤其身懷劇毒的響尾蛇更被當成司掌生與死的蛇神。

那伽是諸神的助手，蛇王與蛇后負責迎接神聖的恆河女神。當濕婆阻擋恆河女神下凡時，那伽則在他背後沿著恆河逆流而上。這段插曲顯現出他們具有在大水中保護神祇的力量，因此後來就被畫成神祇背後的聖光。

佛教也融入這項風俗，中國更是將蛇與龍混合為一，稱呼他們為龍王。

傳說釋迦即將開悟時，蛇王目支鄰陀（Mucilinda）曾在暴風雨中守護佛陀冥想。佛陀在菩提樹下冥想，目支鄰陀則是住在樹根裡的蛇精，當佛陀甩開惡鬼的誘惑、即將頓悟時，突然興起一陣足以撼動世界的暴風雨，目支鄰陀見佛陀已到達最高的冥想境界，便以自身纏繞佛陀七圈，張開扇狀的喉嚨，如傘一般立在佛陀頭上。七天後，暴風雨平息了，目支鄰陀變身為年輕人，向佛陀鞠躬致意。南傳佛教有不少重現這則故事的佛像，可以看到蛇神目支鄰陀於佛陀頭上擋雨的模樣。

協助英雄的神猴哈奴曼

瓦納拉

【亞人種名】瓦納拉
【拼法】Vanara
【主要出處】《羅摩衍那》、《摩訶婆羅多》
【分布地區】印度

瓦納拉意指「猿人」，是印度神話裡的猴族。外觀有如直立的猴子，身上被覆著淺褐色的毛皮，還有一條猴尾。比人類矮一個頭，是一支個性如孩子般活潑開朗的種族。瓦納拉極富勇氣與冒險精神，態度老實且親切，不過個性幼稚、欲望多，而且很容易生氣。他們精通匯集了宗教知識的吠陀經，能夠變身為人類。

根據史詩《羅摩衍那》的內容，瓦納拉住在南印度的積私緊陀，羅摩王子在拯救妻子悉多的途中遇到他們，並獲得協助。

具代表性的瓦納拉——哈奴曼

瓦納拉中最有名的，就是協助羅摩王子冒險的神猴勇士哈奴曼。哈奴曼這個名字為「有顎骨者」之意。哈奴曼是風神伐由，與前猴王吉薩陵之妻飛天女神安闍那所生的孩子，身強體健力大無窮。根據《羅摩衍那》的描述，他有如山一般巨大、個子跟塔一樣高、臉如紅寶石般火紅、尾巴極長，他坐在大石頭上發出如雷般的吼聲，還能轟地一聲飛到天上。

正當羅摩王子打算去楞伽島，從羅剎王羅波那手中救回妻子悉多時，他在猴國積私緊陀救了猴王須羯哩婆，因而獲得猴王的援助。後來羅摩王子和猴王的軍隊來到楞伽島前方的海邊，一行人在橫渡奔騰澎湃的大海前，派哈奴曼越過大海潛入楞伽島偵察敵情。確認悉多平安無事的也是哈奴曼。

之後，羅摩軍登上楞伽島與羅波那的兒子因陀羅耆交戰，羅摩王子和弟弟羅什曼那受了瀕死重傷，許多勇士都遭到殺害。為了救他們，哈奴曼飛到神聖的吉羅娑山，尋找位在山頂的四種藥草，然而卻遍尋不

《羅摩衍那》中羅摩王子與瓦納拉族相遇的場景。瓦納拉族的族長就站在光芒萬丈的羅摩王子左邊。

著。於是，哈奴曼把整座吉羅娑山搬回戰場，藥草的芳香治好了羅摩王子和羅什曼那，以及其他受傷的勇士，就連死者也復活了。事後哈奴曼又將吉羅娑山搬回去恢復原狀。

英雄的侍從

瓦納拉族除了哈奴曼之外，還有好幾名擁有神明血統的勇士。也有人說，他們是毗濕奴決定轉生為羅摩王子時，為了協助英雄冒險而誕生的侍從。

協助羅摩王子的積私緊陀猴王須羯哩婆，原本被兄長波林逐出國外，後來遇到羅摩，在他的幫助下討伐波林奪回國家。日後他被神格化，亦有一說指他是雷神因陀羅的孩子。

架起通往楞伽島之橋的巨猴勇士那羅，也被認為是工匠之神巧妙天的兒子。巧妙天（萬物的創造者）是將開天闢地的力量神格化所誕生的神祇，因此常被稱為「建設者」或「建造者」。

對抗因陀羅耆的猴族首長之一鴦伽陀，據說是雷神因陀羅之子波林和妻子陀羅所生。

另外，跟猴國一同幫助羅摩王子作戰的閻婆梵是熊王，但常被當成瓦納拉的一員。他同時也是用來消滅邪惡的天界寶石沙曼塔卡（Syamantaka）的持有者。

遍布亞洲的哈奴曼信仰

哈奴曼的冒險讓人看了相當痛快，隨著《羅摩衍那》的傳播，全亞洲都開始信仰哈奴曼。

《羅摩衍那》和《摩訶婆羅多》是印尼傳統哇揚皮影偶戲（Wayang）的熱門戲碼，哈奴曼在爪哇島稱為阿諾曼，在巴里島稱為哈諾曼。印尼版的哈奴曼，父親是在森林裡流浪的羅摩，母親則是在水池苦行的安闍那。他臣服於猴王舅舅須羯哩婆，與羅摩一同作戰。之後，哈奴曼也在《摩訶婆羅多》中登場，見證般度的第六代子孫婚禮之後便升天了。

在中國，則可從《西遊記》中的神猴英雄孫悟空身上看到他的影子。《西遊記》在日本因電視劇而走紅，因此說到猿人英雄，孫悟空反而比哈奴曼更有名。

服侍俱毗羅的馬頭藝術家

緊那羅

【亞人種名】緊那羅（女性為緊那哩）
【拼法】Kimnara、Kimnari
【主要出處】印度神話
【分布地區】印度

緊那羅是印度神話中的半神種族，外觀為馬首人身，或是馬身人首，男性稱為「緊那羅」，女性稱為「緊那哩」。很難想像馬首人身的緊那羅擁有音樂才能，他們住在印度聖山吉羅娑山上、財神俱毗羅的國度，與半人半馬的半神靈乾闥婆一起擔任樂師與歌手，演奏天上的音樂。

有人說他們是從創造神梵天的腳尖，與夜叉一起誕生出來的，也有人說他們是仙人迦葉波的兒子。亦被稱為馬面神（Aśvamukha）。

緊那哩則是美麗的天女，聽說常有人目擊她們下凡沐浴的景象。有時緊那哩也會被描繪成人首鳥身的模樣。

裝飾在泰國曼谷玉佛寺裡的緊那哩像。下半身似鳥類。

根據神話故事《羅摩衍那》的描述，緊那羅住在印度海上的「楞伽島（據說就是現在的斯里蘭卡）」。這座島原本是由與印度諸神為敵的羅剎（➡二百四十頁），以及羅剎王羅波那統治，後來楞伽島的另一支土著種族夜叉之王——財神俱毗羅接管這座島，建了黃金城塞。緊那羅便成為俱毗羅的部下，並待在這座黃金城裡工作。

但是，羅剎王羅波那經過千年苦行得到不死的能力，成為「不受諸神、乾闥婆、

印尼帕翁寺（Candi Pawon）的壁畫。左下方是緊那羅，右下方是緊那哩。

阿修羅、夜叉、羅剎、那伽、緊那羅、步多（Bhuta，亡者）傷害」的無敵存在。俱毗羅敗給得到無敵能力的羅波那，不僅楞伽島與雲車補沙缽戈被搶走，還被趕出宮殿，緊那羅則跟隨俱毗羅前往遠在北方的喜馬拉雅山脈。俱毗羅抵達吉羅娑山後興建宮殿，緊那羅就以音樂家及保護無數金銀財寶的守衛身分，服侍俱毗羅至今。

變成怪物的緊那羅

緊那羅傳到印尼與泰國等東南亞國家後，跟半神靈乾闥婆一起被當成超自然的存在。在緬甸，緊那羅除了馬首人身的造型，還常被畫成人首鳥身的模樣。緊那哩更常被形容成半人半鳥的樣子。

這些地區把俱毗羅視為驅使惡鬼的惡神，因此跟從他的乾闥婆與緊那羅自然就被當成怪物了。

佛教的樂神

緊那羅也被納入佛教裡成為歌神與樂神，受到人們信仰。名稱除了「緊那羅」外，也可寫作「緊拏羅」。在佛教的概念中，原本不信佛教的邪惡種族，在聽了佛陀說法後就會改過向善，轉而侍奉神佛。緊那羅就這樣融入佛教裡，成為保護佛教的種族「天龍八部」的一員，經常跟龍王（那伽）或阿修羅一起被描寫成聽佛陀說法的聽眾。

至於佛教的支派密宗，則把俱毗羅（又作宮毗羅）納為神明，緊那羅亦隨之成為其眷屬，配置在胎藏界曼荼羅的外金剛部院北方。

緊那羅傳入中國時也譯為「人非人」或「擬神」，意指非人非獸非鳥的存在。《大樹緊那羅王所問經》中提到，香山的大樹緊那羅王在釋迦佛祖面前演奏八萬四千餘樂，摩訶迦葉聽到這美妙音律後竟拋開威儀忘我地起身跳舞。

牛頭馬面

馬頭同樣具有神話般的存在，地獄的獄卒馬頭鬼，是擁有馬頭的神話生物。此外還有牛頭的牛頭鬼，兩者常合稱為牛頭馬面。在印度，馬頭鬼稱為「Aśvaśīrṣa」，牛頭鬼稱為「Gośīrṣa」。

日本民間傳說著名的反派角色

鬼

【亞人種名】鬼
【拼法】Oni
【主要出處】日本民間故事、《大江山繪詞》、《田村三代記》等
【分布地區】日本各地

鬼是日本民間故事與傳說裡的亞人種，外觀依個體而異，一般的印象不外乎是頭上有角、齜牙咧嘴、上半身赤裸的恐怖大塊頭，也就是立春前日「撒豆驅鬼」的那種鬼。鬼大多處在與人類為敵的立場，「打鬼」可是日本英雄傳奇的題材之一。

這種鬼的形象是從何而生呢？有一說認為，根源在於日本的陰陽道。陰陽道稱鬼通過的方位——亦即丑寅（東北）為鬼門，在這影響下才會產生頭生牛（丑）角、身上圍著虎（寅）紋腰巾的外觀印象。

歷史研究家原田實在著作《妖物的真相》中則提到，這項說法起源於江戶時代曲亭馬琴所寫的《燕石雜誌》。此外，原田也提出「從前繪製的鬼都是半人半獸的模樣，外觀不盡相同」，並以這一點做出以下結論：江戶時代起，書籍出版盛行，《燕石雜誌》所介紹的鬼廣為人知，才確立了現今我們對鬼的印象。順帶一提，打鬼的代名詞《桃太郎》也是這個時代大為流傳的故事，當中的反派角色即是刻板印象中的鬼。

位在大分縣別府市的惡鬼塑像。一說到鬼，日本人就會立刻想到這個畫面吧！

鬼究竟是什麼？

關於鬼的起源目前仍無定論，不過《民眾誌的遺產　第2卷　鬼》的編者谷川健一，在〈鬼的起源〉這篇解說文章中，試圖以語源的觀點探究這個問題。

在古代日本，所有像神一樣具備強大力量的神祕存在一律稱為「物」。誕生於西元七世紀至八世紀、日本最古老的和歌集《萬葉集》裡，就收錄了好幾首以「物」代表鬼的和歌。由此可知，當時將鬼與自古就存在且令人畏懼的強大存在（＝神）等同視之，此外鬼亦指反抗當時統治日本的大和朝廷之異族。

之後隨著時代更迭，鬼神分離，並強化了我們印象中那種為害人類的鬼怪形象。另外，鬼是從「隱藏」一詞轉變而來的說法亦很有說服力，不過也有人對此抱持質疑的意見。

大江山鬼族的首領——酒吞童子

平安時代（西元十世紀左右），有個名叫酒吞童子的鬼以京都大江山為根據地，大肆破壞城鎮。

不過，描寫南北朝時代（西元十四世紀末期）與酒吞童子有關的最古老史籍《大江山繪詞》裡，酒吞童子的名字則變成**酒天童子**。至於名字的由來，可從他與源賴光在宴會中的對話窺知：

「我正是深愛酒之人，眷屬皆以酒天童子之異名稱呼我。」

後來隨著時代演變，酒吞童子這個名字才廣為一般人所知。

順帶補充一下，室町時代的繪卷《酒傳童子繪》則以**酒傳童子**稱呼，他所居住的地方也不是大江山，改為滋賀縣與岐阜縣交界處的伊吹山。

關於酒吞童子的誕生經過眾說紛紜，《酒吞童子的誕生》一書則是記載越後國的國上山（今新潟縣）為他的出生地。酒吞童子在母體內待了三年才出生，取名為外道丸後安置於國上寺。不久外道丸成長為美

鎌倉時代的繪卷《大江山繪卷》的其中一頁。描繪遭到壓制的酒吞童子將被斬首的場景。

少年，附近的少女們都會寫情書給他。然而之後卻傳出愛上外道丸的少女紛紛離奇死亡的傳聞，就在外道丸想燒掉那些死亡的少女給他的情書時，騰起的煙使他變成鬼的模樣，後來他就往大江山飛去，改名為酒吞童子。

在《大江山繪詞》裡，酒吞童子說他原本住在比叡山（位於滋賀縣與京都府交界處的靈山），後來遭最澄（天台宗的創始者）驅逐才移居大江山。酒吞童子與手下開始在大江山生活後，便把京都的貴族之子抓回來吃。《酒傳童子繪》中就曾描繪酒吞童子的屋內擺著被他抓來的女孩屍體，他以鮮血為酒，以腳為下酒菜大開宴會的情景。

源賴光奉天皇之命前去討伐酒吞童子，他造訪酒吞童子的住處舉辦宴席，然後偷偷讓他喝下毒酒，等酒吞童子無法動彈後再砍掉他的頭。酒吞童子有許多厲害的手下，例如堪稱左右手的茨木童子，或是並列為四大天王的熊童子、虎熊童子、星熊童子、金熊童子等等，然而茨木童子卻逃走了，至於四大天王不是被殺就是遭到活捉。

另外，源賴光用來砍下酒吞童子頭顱的刀後來多了「童子切」這個別名，成為著名的「天下五刀」之一。其間經過豐臣家與德川家保管，現在由東京國立博物館收藏。

征夷大將軍的打鬼事蹟

日本的平安時代（西元八世紀末），有位因擊破反抗朝廷的異族而聲名大噪的征夷大將軍，名叫坂上田村麻呂。在《田村草子》與《田村三代記》這些以他的傳說衍生出來的英雄傳奇裡，可見三名力量強大的鬼。

第一位是嫁給主角田村將軍的女主角鈴鹿御前（又名立烏帽子）。她是第六天魔王的女兒，為了與其他的鬼聯手將日本變成魔之國而來到人間。鈴鹿御前的實力強到堪稱鬼神，能夠自由操縱兩把刀斬殺敵人，當初田村將軍奉天皇之令，前去三重縣與滋賀縣之間的鈴鹿山討伐她，但在《田村三代記》裡，他卻猶豫起該不該殺害如此美麗的女性。最後兩人雖然交手，但鈴鹿御前願意改過向善，此事便順利解決了。為了消滅做壞事的鬼，她嫁給田村將軍，成了一名協助丈夫的賢妻。

第二位則是率領眾鬼的鬼神明石高丸，他與率領朝廷軍的田村將軍在近江國（今滋賀縣）爆發激烈衝突，雙方二度激戰，田村將軍這方犧牲了近二萬兵力。高丸的手下也幾乎都被打倒或逃走，最後田村將軍在鈴鹿御前的協助下親手殺了高丸。

最後登場的是，擁有五百名手下的大嶽丸，他身高二尺（十公尺），有兩張臉與四隻腳，身體鍛鍊得

歌川國芳繪製的《東海道五十三次　土山》。中間是美麗的鬼女「鈴鹿御前」，她的右邊則是夫婿坂上田村麻呂。

如鋼鐵般堅硬，刀劍攻擊對他完全不管用，可說是最強最凶惡的鬼神，就連田村將軍也無法與他正面對決，於是鈴鹿御前潛入敵陣假裝嫁給大嶽丸，接著奪走他的神通力，田村將軍再趁機突襲打倒了大嶽丸。

田村夫婦就這樣贏得了和平的生活，然而鈴鹿御前年僅二十五歲就猝逝了。田村將軍直接到地獄找閻羅王談判，希望妻子能夠復活。面對田村將軍的強硬態度，閻羅王只好把鈴鹿御前的魂魄放進同一年死去的女孩體內，強行讓她復活。鈴鹿御前因而變成了人類，不過鬼的神通力依舊存在，日後她仍與丈夫一起消滅魔物。

變成善神的鬼

基本上，我們所認知的鬼都是遭到消滅的反派角色，但有時候他們也會被視為替人類消災解厄的善神。那就是起源於秋田縣男鹿半島民間傳說的「生剝（Namahage）」。之所以稱為生剝，是因為冬天長時間圍著炕爐烤火會使皮膚低溫燙傷（日文稱為「Namomi」），而這種鬼會剝除燙傷的皮膚懲罰懶惰鬼，於是就從「剝皮（Namomihagi）」訛轉為「生剝」。

每到除夕或一月十五日的晚上，就有人扮成生剝挨家挨戶大喊：「有沒有壞孩子啊——、有沒有不聽話的孩子啊——？」遇到生剝造訪的家庭，則由家長回答：「我們家沒有這種小孩。」並拿出酒菜招待。生剝滿意後就會回到自己的住處。

生剝是種會提出警告，好讓人們能平安度過一整年的重要存在，亦是每年都來祝福人們的年神。秋田縣官方網站刊登了一篇由《秋田魁新報》提供的〈傳承民俗文化〉報導，文中寫道：「生剝造訪民家時並沒有非說不可的話。他們通常會慶幸這一年平安無事，祈求全家平安、無病無災、豐收等好事，並說些新年新希望之類的吉祥話，家中有長者時，他們就會祝賀對方長壽，遇到剛娶媳婦的家庭，就會告訴新娘快點適應新家庭，融入當地的環境。」可見他們並非是只會找壞孩子算帳的鬼。

這種將生剝當成神明祭祀的活動是如何誕生的呢？關於活動的起源，較為可靠的看法就是武帝說。古時統治中國的漢武帝帶著五隻鬼來到男鹿，並給這些鬼一天的自由。狂喜的鬼不僅搗毀四周的田地，還抓走女孩，極盡破壞之能事。不堪其擾的村民便與鬼交涉，只要他們能在第一聲雞啼前建好連接大海與山頂的千階石梯，村子每年都會交出一名少女。後來村民找了擅長模仿雞啼聲的人，在比平常更早的時間模仿雞啼，便順利把鬼嚇跑。但是村民擔心鬼會來報復，於是找村民扮成生氣的鬼，招待之後讓他回到山裡，這就是生剝的起源。當然，沒有證據可以證明漢武帝來過日本。不過，持續受到招待的鬼最後竟變成為人類帶來福氣的神明，由此可窺見他們單純的一面，相當有意思。

位在男鹿的巨大「生剝」。生剝的基本造型就是穿著蓑衣、草鞋，手拿著菜刀。另外，從生剝的衣服掉落下來的稻草屑，常作為祈求無病無災的護身符。

邪惡的牛鬼

前面介紹的是人形的鬼，在近畿、四國與中國地區的民間傳說裡則有邪惡的動物鬼。擁有牛首蜘蛛身的鬼——牛鬼。

牛鬼個性殘忍凶暴，能夠吐出毒液，最喜歡吃人，給人們帶來災厄的情況屢見不鮮。人類只要遇到牛鬼就會生病，影子被他舔過就會死去，是種極為可怕的存在。

另外，在島根縣的傳說裡，他們有時也會跟妖怪淫女搭檔襲擊人類。淫女先讓旅行者抱著嬰兒，請對方在原地等待後就消失無蹤。等嬰兒變得越來越重讓人無法動彈後，牛鬼就趁機出現吃掉可憐的獵物。這絕佳的團隊默契，讓某些學者認為淫女其實就是牛鬼變化而成。

由女人的嫉妒心所生的鬼

日本有「鬼女」一詞。前述的鈴鹿御前就是著名的鬼女之一。

日本自古以來就認為，女人一旦累積過多的恨意或感傷就會變成鬼。日本的傳統技藝「能劇」，則使用「般若面具」來表現女性化身為鬼的情況。那張尖角配上可怕眼神的面具，似乎把女性的怒意完全表達了出來。

其實般若面具，是《葵上》這齣以《源氏物語》為題材的能劇中，嫉妒搶走情人寵愛的女人，因而化為邪惡生靈的六條御息所佩戴的面具。

有一說，在《葵上》的原作《源氏物語》裡，變成惡靈的六條御息所是被高僧誦讀的般若心經驅散，所以這張面具才會稱為般若。

順帶一提，般若原本是佛教用語，意指「智慧」，用來表示修行後所得的領悟。

亞人與擬人化

自古以來，世界各地都可見到把動物或自然現象，當成有意志之物的表現方式，亦即所謂的「擬人化」。説得誇張一點，擬人化與認為萬物皆有靈魂的泛靈論（Animism），兩者的根基部分應該是一致的。

此外，擬人化在日常生活中也有著重要的作用，「天空烏雲密布，彷彿就要哭泣一般」、「目前最有活力的公司」等隨處都可聽到同樣利用擬人手法將天空與社會比喻成人。

換言之，每天、在這一瞬間都有「某樣事物」在「某人」的談話中被擬人化。

最近的插畫創作興起擬人的風潮，不少人嘗試賦予這些事物肉體。

當這些事物具體化後，可以説已經超脱擬人的範疇，誕生為全新的亞人了。

接下來就依序為各位介紹，可作為亞人誕生途徑的擬人化題材與特色。

地形與擬人

首先舉幾個有名的擬人化事例為大家簡單介紹。日本著名的擬人化題材有：坂東太郎（利根川）、筑紫二郎（筑後川）、四國三郎（吉野川）等等。日本的古人常為大河取名，將之當成人類看待。可能是因為每當洪水來襲，河川就會

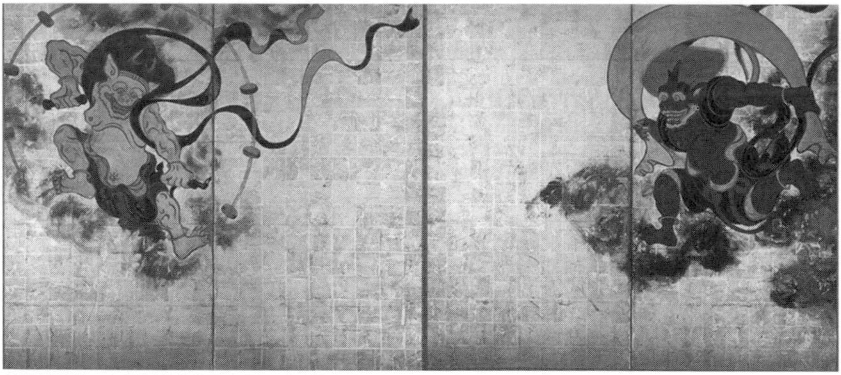

風神與雷神，亦即擬人化的風和雷。威力驚人的自然現象大多神格化而非擬人化。

「大吵大鬧」，才會替它們取這些名字吧！當然，山岳也有取這類別名的狀況。

至於美國，則有將整個國家擬人化的「山姆大叔（Uncle Sam）」。名字的縮寫跟美國一樣都是「U．S」，這角色的設計還真是用心。事實上，還有許多國家也創造過該國專屬的擬人角色。

第一次世界大戰時的陸軍募兵海報，由詹姆士・蒙哥梅利・弗拉格（James Montgomery Flagg）於一九一七年繪製。海報上的標語寫著「山姆大叔熱切希望大家加入陸軍」。

動物的擬人化

動物最容易作為擬人化的對象，通常是將動物們畫成具備動物特徵（以貓為例，就是貓耳、肉球、貓尾等等）的人類。優點是融入的身體特徵顯而易懂，因此容易聯想到原型動物。動物的種類有多少，擬人化的版本就有多少。

順帶一提，在歐美國家，有些人對融入動物特徵的擬人興趣缺缺，反而把外觀接近動物的亞人種當成戀愛對象或性對象，他們稱這些愛好者為獸迷（Furry Fandom）。

其實，擬人化就是將人類與其他事物融合在一起的手法之一，因此容易誕生出新的亞人。雖然這種做法有點粗糙，不過只要再加上一點文化元素與歷史設定，就能夠創造出一支亞人種。

只要我們的想像力尚未枯竭，今後應該仍有新的亞人種誕生。

以山為家、擁有神通力的隱士

天狗

【亞人種名】天狗
【拼法】Tengu
【主要出處】日本的傳說、民間故事
【分布地區】日本各地

天狗與鬼（➡一百頁）、河童（➡二百三十一頁）並列日本三大妖怪，廣為人們所知悉。

如同大家都熟悉的「天狗面具」那般，天狗的臉很紅，還有一個長鼻子。有些天狗背上長著鳥類的翅膀，不過無論有無翅膀他們都能飛翔。因為天狗的飛翔能力源自於「神通力」，跟翅膀無關。此外，石礫突然傾瀉而下的「天狗礫」，以及深山裡突然響起大樹傾倒般巨響的「天狗倒」，皆被認為是天狗的神通力所引發的現象。

天狗的打扮像是修驗道的修行僧「山伏」，手裡拿著錫杖或劍、羂索（繩索）、羽扇等物品，有時還會帶著兵法書「虎之卷」。頭上戴著被稱為「頭襟」的小圓帽，穿著能遮風擋雨的蓑衣。這件「隱身蓑衣」其實是件很神奇的物品，具有隱藏身影的效果，日後也被用來指藏匿某物所用的手段。

一般人大多以為天狗只有男性，其實，當中也有女性存在。根據江戶時代的百科辭典《和漢三才圖會》的記載，曾在《日本書紀》中登場、打倒八岐大蛇的英雄素戔嗚尊，其吐出的氣息生出了「天逆每姫」，而她正是獸首人身的天狗神。另外，過於驕傲的尼僧也會變成天狗。描述十二世紀日本源家與平家間戰爭的《平家物語》，其中一個版本《源平盛衰記》裡，就有頭部為尼僧、手生羽毛的女天狗。女天狗無法直接出沒於凡間，她們通常會戴上假髮，利用化妝來掩飾模樣。

天狗的種類與總數

一般而言，力量較強的天狗稱為「大天狗」，其次是「小天狗」，有著鳥頭鳥嘴、背生翅膀的是「烏天狗」，力量極弱的個體則稱為「木葉天狗」。除此之外，也會依照居住的地方取名，像長野縣南端下伊

《山海經》裡描繪的天狗。外形像貓，與我們想像中的天狗截然不同。

那郡的傳說裡就有海天狗與川天狗。

其實日本的天狗總數相當龐大。彙整了修驗道經書的《萬德集》中就有〈天狗經〉。當中羅列著日本各地的大天狗名字，只要誦讀經文，大天狗與多達十幾萬名的天狗手下就會現身驅魔。換句話說，日本各地其實隱居了相當多的天狗。

天狗的歷史

日本的天狗最早出現在《日本書紀》西元六三七年的記述裡。當時有顆巨星轟地一聲劃過國都（今奈良縣）的天空，曾在中國留學的僧侶表示那顆巨星其實是天狗。這即證明中國古代早已存在這種觀念。

事實上，中國古代的地理誌《山海經》（➡一百二十九頁）裡就有天狗的記述，並提到天狗在空中時是流星，降落地面後就會變成動物。

之後，天狗逐漸融入日本獨有的特色。他們喜好紛爭，常聳恿生事。

《源平盛衰記》裡除了女天狗的事例外，也提到心懷恨意的天皇或貴族變成天狗的情況。其中最有名的例子就是第七十五代崇德天皇。平安時代後期（西元一一二三年），年僅四歲的他登基成為天皇，本該是萬人之上的君王，卻由於已退位的父親仍掌握國政等諸多因素，而過著幾乎沒有實權的生活。

即使天皇退位成為上皇後狀況依然如故，最後還在權力鬥爭中敗下陣來，被當成罪人流放到讚岐國（今四國的香川縣）。

《保元物語》描述這場權力鬥爭所引發的戰亂始末，當中提到了崇德上皇的結局。他來到讚岐國後迷上佛教，彷彿要彌補過去般抄寫了好幾本經書，然後請求朝廷將經書擺放在京都的寺廟裡。但是，崇德上皇這種有別以往的真誠態度令朝廷頗感畏懼，因此又把經書送了回去。勃然大怒的崇德天皇便詛咒日本，活生生變成了天狗。之後，京都接連發生凶事，恐懼的朝廷使努力恢復崇德上皇的名譽以安撫他的靈魂。

由此可知，從前的天狗就像這樣，被視為怪物或怨靈等妖物，與現在這種「住在山中的人類鄰居」的親切形象截然不同。

江戶時代的浮世繪師歌川國芳所畫的崇德上皇。圖為流放到讚岐國時的情景，可怕的神態就連觀者都能感受到那股怨恨。

《妖物的真相》作者原田實認為，室町時代以後，「能劇」將「鞍馬天狗」、「松山天狗」納為題材，使得人形天狗的模樣廣為大眾所知，到了江戶時代才確立現今的天狗形象。

手腳長度不同的一對亞人種

足長手長

【亞人種名】足長手長
【拼法】Ashinaga-tenaga
【主要出處】《日本書紀》、出雲神話、日本民間故事
【分布地區】日本、中國

「足長手長」一詞，指的是雙腳極長的長腳人與雙手極長的長手人的組合。他們鮮少個別出沒，基本上都是成對出現在民間故事或傳說裡。

感情融洽的雙人組合

根據江戶時代的百科辭典《和漢三才圖會》的解說，足長為長腳國的居民，腳長約三丈，換算成現在的長度約九公尺。如果他們的上半身與普通人一樣，那麼身高應該超過十公尺。

至於手長亦稱為長臂，是長臂國的居民。手一垂下來就會碰到地面，曾有人撿到手長的衣袖並試著測量，發現長度約莫一丈（約三公尺）。普通人的手臂約七十公分長，手長的手臂是普通人的四倍之多。

足長與手長不僅國家相近，感情也很好，證據就在於足長會揹著手長下海，幫忙他們抓魚。至於被揹著的手長則活用長長的手臂直接抓捕魚兒。

西元十八世紀完成的《和漢三才圖會》中足長手長的插圖。身體比例的不協調一目了然。

順帶一提，《和漢三才圖會》描述的內容，與中國古代博物誌《山海經》的記述幾乎相同。

《山海經》是二千多年前於中國寫成的古老書籍，儘管當中含有不少光怪陸離的內容，不過日本稱中國這些「古老且具權威性的書籍」為漢籍並加以重視。可能就是這個緣故，《和漢三才圖會》才會直接採用《山海經》的記述。

歸類為巨人或妖怪的足長與手長

《和漢三才圖會》介紹的是他國的亞人種，至於日本東北地區與北海道則把名稱顛倒過來，將手長足長視為巨人或妖怪。

現代日本妖怪研究家——村上健司在著作《妖怪事典》裡提到，位於山形縣與秋田縣交界處的鳥海山，一對名為手長足長的巨人獨居在此。他總是把長長的手臂伸到日本海，攻擊船隻危害人類。悲傷的鳥海山守護者——大物忌神，便派三隻腳的烏鴉監視，一旦手長足長出沒就喊聲「有耶」，不在時就喊聲「無耶」，藉此保護旅行者的安全。因此，位在山腰的三崎山口才被稱為「有耶無耶之關」。

後來，手長足長被湊巧造訪此地的僧侶慈覺大師給消滅了。據說消滅方式相當豪邁，慈覺大師連續祈禱了一百天，就在結束祈禱那天，鳥海山轟地一聲震飛出去，從此再也沒有人見過手長足長了。

另外，平安時代的隨筆集《枕草子》中，則提到京都皇宮裡的清涼殿，紙拉門上畫著手長足長的圖畫。文中的手長足長並非攻擊旅人的妖怪，而是不老長壽的神仙，畫上這種圖案的用意在於祈求天皇陛下長壽。

《北海道昔話》中，有則民間故事記載了疑似手長的妖怪。某位夫人嫁到統治北海道的松前家，每晚她都會不自覺走到城堡附近的水池。夫人在那裡遇到一名俊美的年輕人，她懷著戒心說：「你如果不是妖物，明晚就帶著證據過來見我」。第二天晚上，年輕人出現在水池對面，並把手伸向站在對岸的夫人。

夫人確信年輕人就是妖物，於是用暗藏的小刀刺傷伸來的手臂。年輕人慘叫一聲，放開手中的漂亮盤

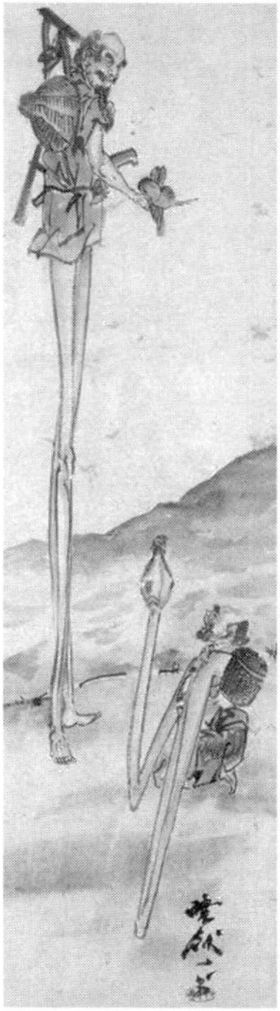

活躍於江戶至明治時代的浮世繪師——河鍋曉齋所畫的手長足長圖，以傳說中的巨人手長足長為主題。

子後逃離現場。於是，這座水池就被稱為手長池，遺落的盤子稱為手長皿，成為松前家的家寶。

服侍神明的足長與手長

各地流傳的足長手長樣貌皆不盡相同，想探究他們的起源就得追溯至神話時代。《古事記》裡，女兒被八岐大蛇吃掉的夫妻神就叫做手名稚與足名稚，長野縣的諏訪湖設有祭祀他們的神社。

諏訪湖這裡流傳一則民間故事，他們在故事中是神明的侍從。

某個冬日，諏訪大社的明神橫渡結凍的諏訪湖，卻不小心留下足跡。偶然得知此事的年輕修行者，想藉「見過明神足跡、德高望重的修行者」這點成名，於是決定守在諏訪湖旁邊。不過明神似乎料到年輕人會有此行為，他命令手長和足長把躲起來的修行者趕到遠方。於是手長以自豪的長臂抓起年輕人交給足長，足長再以寬大的步伐前往海邊，把年輕人丟在遠離諏訪湖的駿河國（今靜岡）海岸。一如這則民間故事的內容，足長神社與手長神社是跟諏訪大社有所關聯的神社。

下半身為毒蠍的冥府守衛

蠍人

【亞人種名】蠍人
【拼法】Girtablulu
【主要出處】美索不達米亞神話、巴比倫神話
【分布地區】冥府

蠍人是在今伊拉克周邊盛極一時的古美索不達米亞所流傳的亞人種。上半身為人類，下半身則有鳥類的腳和蠍尾，因此被稱為蠍人。

基加美修與蠍人

蠍人最早出現在《基加美修史詩》中，這部作品描寫盛於西元前二六〇〇年蘇美早王朝的英雄王基加美修（Gilgamesh）的冒險過程。

故事主角基加美修目睹實力相當的好友恩奇杜（Enkidu）死去，害怕自己有朝一日也會面臨死亡。於是，他啟程前往冥府，以期獲得永生。旅途中，他在馬舒山（Mashu）山腰上的冥府之門遇到蠍人夫妻。這對夫妻是守門人，他們告訴來訪的基加美修前方是一片不見天日的黑暗，警告他不要繼續前進。但在得知基加美修有一半的神祇血統後，蠍人夫妻決定讓他通過。

出現在這段故事裡的蠍人，只不過是服侍神祇的冥府守門人罷了。

亞述時代的畫作，主題為守護馬舒山的蠍人。圖中的蠍人為人首、鳥腳加上蠍尾的亞人種。

初始之神提亞瑪特誕生出來的怪物

在巴比倫創世神話——史詩《天之高兮（Enuma Elish）》裡，司掌鹽水的初始女神提亞瑪特（Tiamat）生下十一隻怪物，蠍人就是其中之一。蠍人與兄弟一同對抗與提亞瑪特為敵的英雄神馬爾杜克（Marduk）。後來馬爾杜克和提亞瑪特單挑對決，結果提亞瑪特遭到殺害。她被大解八塊，身體的各個部位則用來創造天空、大地、河川等世界的要素，但文中並未提及蠍人等怪物的下場，沒有人知道他們後來怎麼了。

半人半蠍的古代神祇——帕比爾薩吉

名字有「蠍尾」之意的美索不達米亞神祇帕比爾薩吉（Pabilsaĝ），時常被當成蠍人看待。儘管帕比爾薩吉的模樣近似蠍人，但學者認為兩者是截然不同的存在。

他是美索不達米亞最高神恩利爾（Enlil）的兒子，亦是遭大洪水毀滅的城市拉臘克（Larak）的守護神。有時他跟兄弟神尼努爾塔（Ninurta）會被視為同一人。

在美索不達米亞的占星術中，他司掌黃道十二宮的人馬宮（亦即射手座），為擺出拉弓姿勢的怪物。

羅馬尼亞民間故事裡的蠍怪——史可爾碧亞

由蠍子與人類結合而成的怪物非常罕見，而羅馬尼亞則存在一種有三顆頭的毒蠍亞人。

民間故事《不老不死王國》中，有隻怪物叫做史可爾碧亞（Scorpia），跟茲梅（➡八十頁）這節介紹的龍人家庭的母親同名。她有三顆頭和大嘴巴，光看外表就很嚇人，但只要射穿脖子就會投降，她還招待了年輕的主角。史可爾碧亞有個怪物妹妹，名叫蓋歐諾愛亞（Gheonoaia），不過妹妹並不是蠍怪。

古代的亞人種

Demi-human in Antiquity

以腳當傘的獨腳亞人種

獨腳人

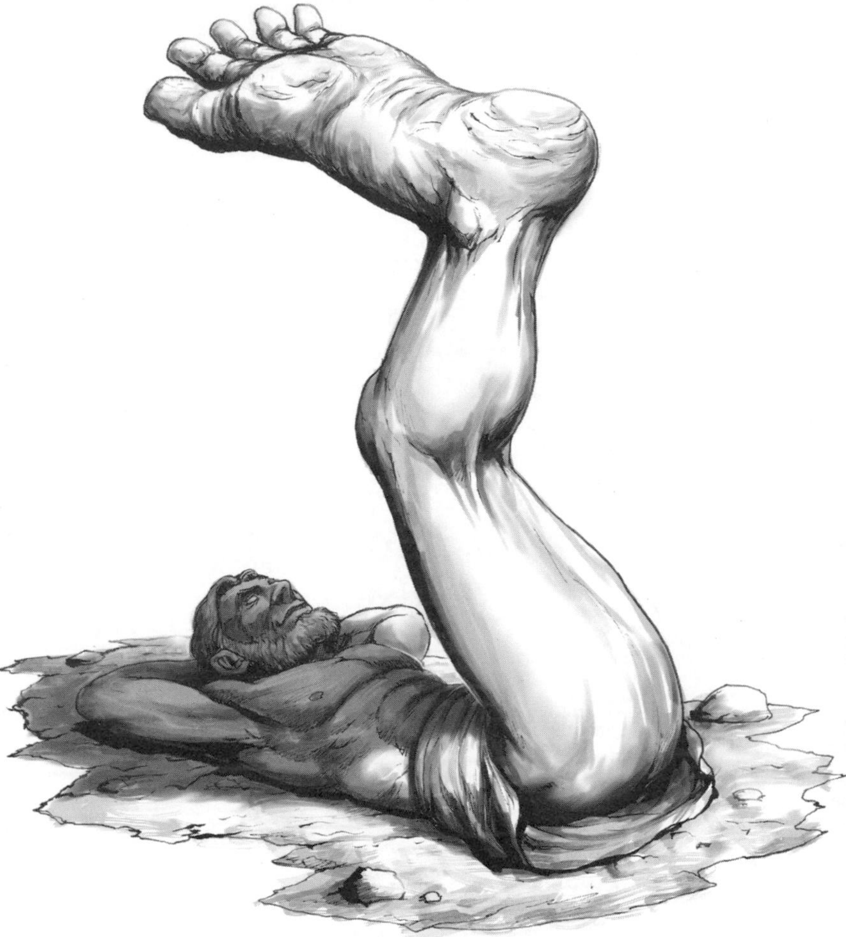

【亞人種名】獨腳人
【拼法】Skiapodes、Monocoli
【主要出處】《博物誌》、《東方旅行記》
【分布地區】印度、衣索比亞等地

獨腳人是只有一隻大腳的亞人種。「Skiapodes」這個稱呼源自希臘語「影子的腳」。另外，在古羅馬學者老普林尼的著作《博物誌》（➡一百三十七頁）中，則使用「Monocoli」這個稱呼，此為希臘語「獨腳」的意思。

《博物誌》揭露令人驚奇的生態

老普林尼在《博物誌》第七卷第二章，以古希臘歷史學家克特西亞斯（Ctesias）的言論為根據介紹獨腳人。他們住在印度周邊，能用唯一的腳跳躍，也能以驚人的速度奔跑。

此外，他們還會仰躺著將巨大的腳舉到頭上，當成陽傘遮蔽烈日，因此又被稱為「傘足種族」。順帶一提，據說在他們的棲息地西方住著臉長在軀體上的亞人——無頭人（➡一百二十六頁）。

此外，《全球幻想動物百科（The Mythic Bestiary）》的作者湯尼・艾倫（Tony Allan），在獨腳人這一項引用神話史實論者（Euhemerist，想為神祕事件找出合理解釋的一群人）的意見，他們認為獨腳人的出現，是錯把單腳站立進行冥想的印度苦行僧當成怪物所造成的結果。實際上，印度街頭隨處可見的苦行僧，其單腳站立的修行姿勢相當穩定，就算誤認他們只有一隻腳也不

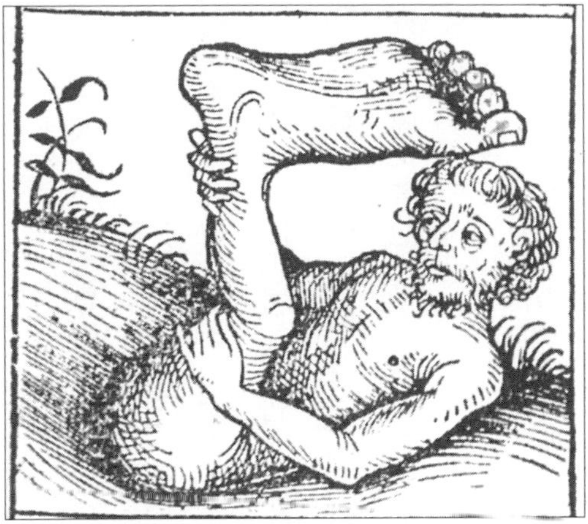

1493年於德國出版的《紐倫堡編年史（Nuremberg Chronicle）》裡的插畫。圖中的獨腳人仰躺著，把大腳舉到自己的正上方。

奇怪。

英國的約翰・曼德維爾爵士將自身的旅遊趣聞彙整成《東方旅行記（The Travels of Sir John Mandeville）》，該書第十七章裡也有介紹獨腳人。

文中提到他們居住在面向紅海的東非國家衣索比亞，除此之外的資料皆與老普林尼在《博物誌》中介紹的內容大同小異，指他們是一支動作相當迅速、腳十分巨大的種族。

此外，在中國古代的書籍中，這類獨腳的種族亦展現出神奇的力量。

中國地理書裡的獨腳亞人種

中國最古老的地理書《山海經》（➡一百二十九頁）第七卷裡，提到中國北方有個名為一臂國的國家。

一臂就是獨臂的意思，一臂國的居民只有一隻手、一隻眼睛和一條腿。只有一條腿的特徵跟獨腳人雷同，不過前野直彬在《山海經・列仙傳》的注釋中說明，這是一種猶如將人直切成兩半的人種。他們被稱為「比肩之民」，必須兩人湊在一塊才有辦法行走。

繪製獨腳人時大多選用把腳往上抬的姿勢。這幅畫也是採用抬腳的構圖。

法國中部桑斯主教座堂（Sens Cathedral）的柱子上刻有獨腳人的浮雕。可見獨腳人的存在廣為世人所知。

失去一隻腳變成獨腳人的小矮人

在英國小說家克利夫・斯特普雷斯・路易斯（Clive Staples Lewis），於一九五〇年至一九五六年發行的《納尼亞魔法王國》裡，就有類似獨腳人的亞人種存在。

在《納尼亞魔法王國　黎明行者號》中，主角露西等人搭乘「黎明行者號」，到東方海域冒險，途中他們經過「蹩腳仙」居住的島嶼。蹩腳仙原本是小矮人，因為被人施法才只剩一隻腳。

他們有將巨大的腳舉到自己上方睡午覺的習性，是一支非常近似獨腳人的種族。

C.S. 路易斯所畫的納尼亞王國世界地圖。「蹩獨腳仙」居住的島嶼，就位在東方海域的某處。

蹩腳仙個性少一根筋，老是做些愚蠢的事，比方說用餐前先洗餐具，飯後就可以省去洗碗的工夫，或是覺得煮馬鈴薯很麻煩，結果乾脆把煮好的馬鈴薯種到土裡等等。此外，他們常被首領的意見牽著走，也沒辦法認真討論事情，面對事情也完全不願意思考。

起初，蹩腳仙覺得自己模樣醜陋，後來學會以大腳為船在水面上自由移動的特殊才藝，才讓他們有了自信，同時也拋開過去的自卑感，接受「獨腳仙」這個新名字。只不過，少根筋的個性依然如故，他們把從前和現在的名稱混在一塊，最後決定稱自己為「蹩獨腳仙」。

臉長在胸口上的異形亞人種

無頭人

【亞人種名】無頭人
【拼法】Blemmyae、Akephaloi
【主要出處】《博物誌》、《東方旅行記》等
【分布地區】利比亞、布里松河流域

無頭人就是沒有頭和脖子，眼睛、鼻子、嘴巴則長在胸口上，是一種模樣怪異的亞人種。一般認為無頭人的胸部取代了頭部。據說他們棲息在非洲北部利比亞的沙漠裡，有各式各樣的稱呼。

這是一支不少古人都目擊過的種族，跟獨腳人（➡一百二十二頁）一樣，世界各地都能發現他們的身影。

無頭人的目擊報告

古羅馬博物學家老普林尼在著作《博物誌》（➡一百三十七頁）第七卷第二章裡，說明無頭人棲息在獨腳人的附近，他們沒有頭，眼睛長在肩膀上。該書提到獨腳人住在印度周邊，因此無頭人應該是住在附近的國家。

英國貴族旅行家約翰・曼德維爾在《東方旅行記》第二十二章裡提到無頭人生活在印度西方東代島主統治的周邊島嶼之一，並說他們是「眼睛長在肩膀上、受到詛咒的種族」，可見在當時的人們眼中，那副模樣有多麼不祥。

西元十三世紀服侍羅馬皇帝的葛瓦西爾，同樣在《獻

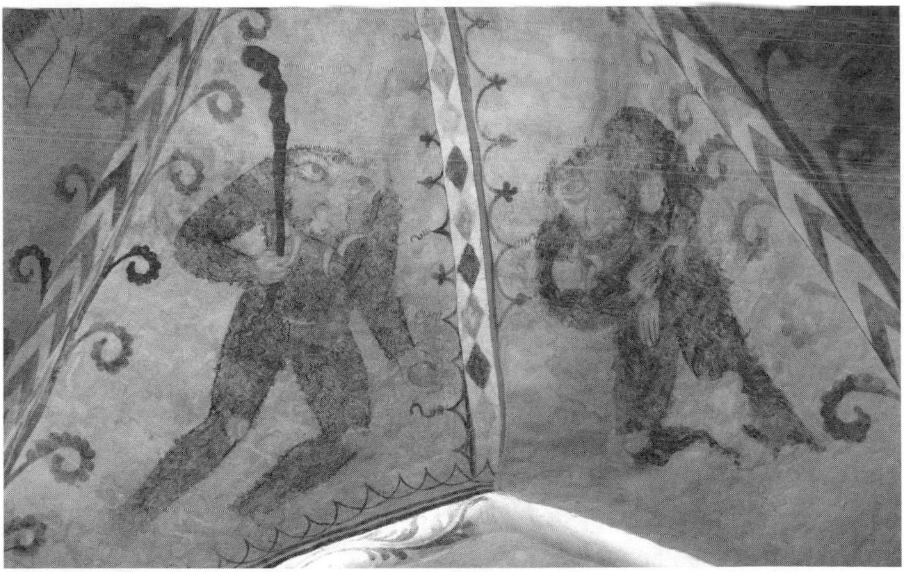

丹麥的無頭人溼壁畫。西元 1511 年創作，畫中的無頭人毛髮濃密，手裡拿著棍棒。

給皇帝的故事集》第七十五章中提到疑似無頭人的亞人種，並以「無頭人種」來稱呼他們。這群無頭人種居住在布里松河（Brixontis River）流域的島嶼上，胸部有眼睛和嘴巴。身高十二尺（約三・六公尺），體寬七尺（約二・一公尺），身體龐大到讓人誤以為是巨人的親戚，皮膚則是耀眼的金色。這則故事還有後續，該地區的蛇長達一百五十尺（約四十五公尺），他們之所以如此巨大，或許是這塊土地上的生物都成長得快又好吧！

卡歐拉的人們

西元十六世紀，歐洲人在探索美洲大陸時，發現了一群奇妙的怪物。他們被稱為卡歐拉（Caora）的「人們」，但在英國地理學家理察・哈克路特（Richard Hakluyt）的著作《發現美洲航海記（Divers Voyages Touching the Discovery of America and the Islands Adjacent）》裡，卻可看到「頭長在肩膀下，眼睛在肩上，嘴巴在肚子上」這種近似無頭人的描寫。

不過，英格蘭女王伊莉莎白一世的臣子，亦是著名的探險家——瓦特・雷利爵士（Walter Raleigh）提到，神似「卡歐拉的人們」的種族住在南美洲東北部的蓋亞那（Guyana），而且也有不少證詞表示美洲大陸上住著這類種族，因此他們實際存在的可能性應該很高。

卡洛・羅茲（Carol Rose）在著作《全球怪物・神獸事典（Giants, Monsters & Dragons）》中提出以下的看法：他們基於時尚與美感，一直保持拱肩的姿勢，所以才會越來越難看到脖子，讓人產生眼睛與嘴巴位置下移的錯覺，繼而形成無頭人的傳說。

最古老的地理誌——《山海經》

《山海經》是中國最古老的地理誌。至於該書的主旨，則跟第一百三十七頁介紹的《博物誌》一樣。

由於是相當老舊的資料，成書的時間並不明確，較有力的看法是西元前二〜三世紀。

全書分為十八篇，內容五花八門，網羅了動物與礦物、周邊地區的居民、過去的事件等資料。

前五篇稱為〈山經〉，記載了當時中國王朝統治的地區資料，剩下的十三篇則稱為〈海經〉。

〈海經〉彙整了不受中國統治的周邊地區資料，當中提到不少亞人種，例如近似獨腳人（⬇一百二十二頁）的一臂國，或是一頭三身的三身國民（⬇二百四十頁）。

當時由於內容多為神怪之類讓人難以置信的記述，因此該書在「地理誌」領域的評價並不高，如今卻是能夠探究當時民間信仰的寶貴資料。

原來鄰近日本的東南亞地區也有過亞人種猖獗的時代。這部作品能激發我們的想像，是值得一看的好書。

後世加上的《山海經》插圖之一。上圖為住在「貫胸國」的亞人種，他們會在胸口中央穿洞。

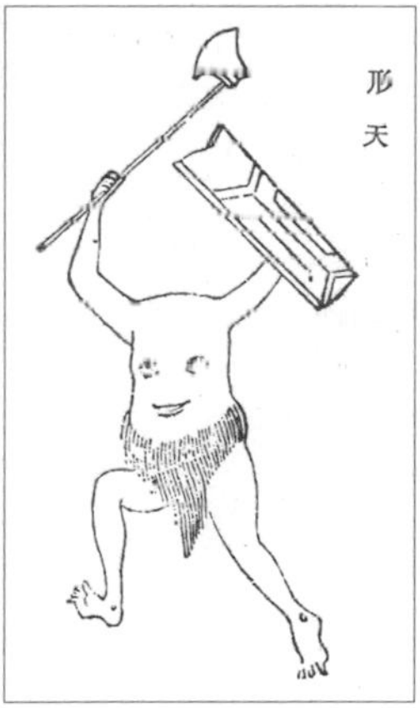

即使頭被砍斷，仍以乳頭為眼、以肚臍為口大亂的刑天（亦作形天）。外觀看起來也很像無頭人。

效忠阿基里斯的螞蟻士兵

妙爾米頓人

【亞人種名】妙爾米頓人
【拼法】Myrmidon
【主要出處】希臘神話、《獻給皇帝的故事集》
【分布地區】愛姬娜島（希臘）

妙爾米頓人是透過神的力量從螞蟻化為人形的人種，也是希臘神話英雄阿基里斯在特洛伊戰爭中率領的勇敢士兵。

由宙斯創造出來、誠實勤勞的亞人種

妙爾米頓人的誕生起源有數種版本，其中最有名的故事，就是宙斯應統治愛琴海上愛姬娜島（Aegina，今希臘的埃伊納島）的艾亞哥斯王（Aeacus）要求而創造他們。

蟆蟻變成的妙爾米頓人讚美艾亞哥斯王的場景。希臘神話《變形記（Metamorphoses）》1581 年版的插圖，德國畫家維吉爾，索伊斯（Virgil Solis）的作品。

女神希拉降下瘟疫，使艾亞哥斯王失去所有的國民。見人民一個個痛苦而死，絕望的艾亞哥斯王想求宙斯殺了自己。就在這時，他看到旁邊的橡樹上有一群勤奮工作的螞蟻，於是改口要求讓這個滿是死屍的國家充滿活力四射的人民。當晚，艾亞哥斯王夢見橡樹上的螞蟻掉下來並且變大，醒來後發現外頭有許多年輕有活力的人列隊讚美他。艾亞哥斯王給這些螞蟻變成的人田地與房屋，接納他們為新的人民，並以希臘語「螞蟻（murmex）」將之命名為妙爾米頓。之後，每當其他國王前來造訪時，艾亞哥斯王總是自豪地說，妙爾米頓人是如工蟻般勤勞、熱心學習，而且非常勇敢的人種。

特洛伊戰爭裡的妙爾米頓人

描述特洛伊戰爭的史詩《伊利亞德（Iliad）》，詳細說明了妙爾米頓人之後的活躍事蹟。艾亞哥斯之子佩琉斯（Peleus）與海洋女神特緹絲（Thetis）的兒子阿基里斯，把自祖父那代跟隨至今的妙爾米頓人編制成自己的軍隊，然後加入希臘陣營對抗特洛伊軍。但是，阿基里斯和總司令官亞格曼儂（Agamemnon）對立，因此他們首次出征時是由阿基里斯的好友帕卓克洛斯（Patroclus）負責指揮。當時，妙爾米頓人的戰姿猶如爭食生肉的狼群。他們立下了輝煌的戰績，然而帕卓克洛斯卻戰死了。之後阿基里斯為了報仇而出擊，率領他們奮勇殺敵。

不過，或許是其凶猛戰姿帶來的影響，日後聽從主導者命令，從事非法行動的集團也被稱為「Myrmidon」。

蒐集黃金的同名螞蟻

西元十三世紀服侍神聖羅馬帝國皇帝的葛瓦西爾，為了給皇帝打發時間，便蒐集世界各地的奇聞寫成《獻給皇帝的故事集》（⬇一百三十三頁），其中第七十三章就提到妙爾米頓蟻。根據描述，牠們棲息在鄰近埃及的島嶼、大小跟小狗差不多。妙爾米頓蟻動作敏捷，是種連人類都會捕食的危險昆蟲，不過牠們有挖掘地底黃金的習性，因此是當地居民的生財工具。居民搶走堆在地上的黃金後，再以駱駝為誘餌，趁妙爾米頓蟻食用獵物的空檔渡河躲避牠們的追蹤。至於搶來的黃金，據說都流向歐洲了。

蒐集各地奇聞的妄想系刊物鼻祖──《獻給皇帝的故事集》

《獻給皇帝的故事集》是西元十三世紀服侍神聖羅馬帝國皇帝的葛瓦西爾，將自己所知的古今中外傳說與奇聞彙整而成的書籍。

日文版譯者池上俊一在解說中提到，這本書的內容是葛瓦西爾因工作前往歐洲各地時，一點一點慢慢寫成的。

後來，葛瓦西爾開始為神聖羅馬帝國皇帝奧托（Otto）效命，並完成了這本給皇帝打發時間的《獻給皇帝的故事集》。法國歷史學家雅克・勒戈夫（Jacques Le Goff）稱他為「民俗學家的先驅」，肯定他蒐集當代傳說的功績。

這本書的內容相當多元，從磁石解說、河狸的生態、一旦受到汙染就會移動的泉水，到棲息於英格蘭的惡靈古蘭特（Grant）等話題都有。

以下簡單介紹《獻給皇帝的故事集》裡提到的幾款亞人種。

第七十五章　馬頭人種

這是一種生有馬鬃的人種，誕生於阿拉伯半島塞琉西亞（Seleucia，今伊拉克周邊）西方的狹小區域。不僅身強體壯，還能從巨大的牙齒中噴出火焰。

第七十六章　鬍面女

住在鳳凰城和尤拉奇亞城附近的人種。特色是五官扁平，留著及胸的鬍子。利用豹之類的動物過著打獵生活。

第七十七章　有著山羊牙齒的女人

這是一支有著山羊牙齒，頭髮長及腳跟的女性亞人種。她們的身體如駱駝般毛茸茸，腰上有條母牛尾巴，棲息在波斯國（今伊朗周邊）的附近。

單靠香味就能生存的神祕種族

亞斯托密

【亞人種名】亞斯托密、亞斯托莫伊
【拼法】Astomi、Astomoi
【主要出處】《博物誌》、《東方旅行記》、《希臘羅馬世界地誌》
【分布地區】印度、爪哇島

亞斯托密是一支神祕的亞人種，居住在流經印度東部恆河源頭附近的地區。古羅馬博物學家老普林尼，在《博物誌》（➡一百三十七頁）第七卷有關印度周邊的記述中提起過他們的存在。

氣味定生死

老普林尼引用希臘歷史學家麥加斯提尼（Megasthenes）所著的《印度史（Ta Indiká）》，如此介紹亞斯托密：

據說，亞斯托密是一支沒有嘴巴、用鼻子呼吸的種族。特色是全身毛茸茸，以棉花作為衣服。鼻子在呼吸時也會吸入四周的味道，他們就以氣味為糧食過活。

換言之，周圍生長的樹木、花朵、蘋果等香味都是亞斯托密重要的食物。由於他們的狀況特殊，外出旅行時就得準備大量的花朵或蘋果當成旅行期間的隨身糧食。

麥加斯提尼還提到，他們除了這項特色外，還有聞到強烈氣味很快就會死掉的弱點。

住在印尼的亞斯托密

西元十四世紀的英國騎士約翰・曼德維爾，將他三十四年來的旅行經歷彙整成一本書，取名為《東方旅行記》。

曼德維爾在《東方旅行記》第二十二章裡，介紹了住在爪哇島（今印尼首都雅加達所在的島嶼）附近，疑似亞斯托密的亞人種。

曼德維爾形容自己見到的亞斯托密約兩名俾格米人（Pygmy，矮小人種）高。書中並未明確說明俾格米人有多高，因此這段描述缺乏具體性，不過可以確定的是他們為矮小的亞人種。此外，他們跟老普林尼的記述一樣沒有嘴巴，不過臉上有個小洞，他們就從那裡利用管子飲食。

至於亞斯托密的溝通方式，除了比手畫腳外，還可以發出消氣般的聲音，他們就用彼此都懂的信號與同伴溝通。

目擊近似亞斯托密的亞人種

活躍於西元前一世紀的古羅馬歷史學家斯特拉博（Strabo），也在著作《希臘羅馬世界地誌（Geographica）》中介紹亞斯托密（在該書中稱為亞斯托莫伊）。亞斯托密住在印度恆河流域，個性非常溫和。他們以烤肉時冒出的熱氣，以及果香和花香為營養來源，害怕強烈氣味這點也跟老普林尼等人的記述一致。斯特拉博指出，臭味是他們的弱點，因此難以在汗臭味與血腥味較濃的軍隊野營地生活。

另外，《怪物復興》（一九九八年出版）有系統地整理了過去與歐洲怪物和亞人種有關的日記、遊記、醫學書等記述，書中介紹了近似亞斯托密的種族——帕洛西特人（Parossitae）。根據某位修道士的證詞，他們住在蒙古，有小小的嘴巴和胃袋。煮肉時，他們會屈身靠近鍋子上方，只吸騰起的熱氣當作食物。

不過，他們不像亞斯托密沒有嘴巴，所以也能直接食用少量的食物。

老普林尼的《博物誌》

老普林尼——蓋烏斯・普林尼・塞坤杜斯，是西元一世紀的羅馬帝國自然科學權威。他是羅馬帝國的軍人，在擔任海外領土總督的期間寫了《博物誌》（共三十七卷）。

《博物誌》裡不僅有獨腳人（➡一百二十二頁）、無頭人（➡一百二十六頁）等亞人種的資料，還記載了宇宙相關話題、人體的奧妙、動植物的資料等五花八門的資訊。在資訊傳播技術尚不發達的那個時代，該書的話題蒐集量可以説相當驚人，感受得到老普林尼的好奇心，以及對研究的熱誠。另外，《博物誌》裡除了本書列舉的種族外，還收錄了其他疑似亞人種的資訊。以下就介紹《博物誌》中，幾種未能在本書正文提及的亞人種。

艾賽尼族（Essenes）

該族沒有女人，也不以生殖行為繁殖，而是藉由旅人等外來者加入艾賽尼族的方式增加人口。此外，他們只吃椰子，擁有永恆的生命。

馬克利葉族（Machlyes）

具有兩性特徵的種族。一個人擁有男女雙方的性徵。老普林尼還引用亞里斯多德的言論，指他們左胸為男性，右胸為女性。

雙瞳女（Bythiae）

指住在斯基泰（今東歐烏克蘭一帶）的女性。一個眼睛裡有兩個瞳孔。

住在亞霸利蒙的種族

住在喜馬拉雅山脈溪谷亞霸利蒙（Abarimon）地區的人們膝蓋朝向背面，雙腳呈現前後相反的狀態。不過他們的行動依然敏捷。此外，只要吸到其他地區的空氣就會死亡。

試管裡的人造人

荷蒙庫勒斯

【亞人種名】荷蒙庫勒斯、人造小人
【拼法】Homunculus
【主要出處】《物性論》等書
【分布地區】歐洲

荷蒙庫勒斯是指利用鍊金術人工製造出來的人類，名稱則為拉丁語「小人」之意。傳說活躍於西元十五世紀至十六世紀的瑞士鍊金術師帕拉塞爾蘇斯（Paracelsus），是唯一成功製造出荷蒙庫勒斯的人物。

在燒瓶裡製成的人造人

帕拉塞爾蘇斯的著作《物性論（De Natura Rerum）》裡，留下許多關於荷蒙庫勒斯的製造方法及其外觀的描述。以下就為各位解說書中記載的製造方法。

德國詩人歌德創作的戲劇《浮士德》第 2 部的插圖。主角巫師浮士德的學生華格納，成功在燒瓶裡製造出荷蒙庫勒斯。1899 年，奧地利畫家法蘭茲・庫沙瓦・西姆（Franz Xaver Simm）繪。

製造荷蒙庫勒斯所需的物品有蒸餾器、人血以及精液。準備就緒後，將人類的精液倒入蒸餾器裡密封保存。大約經過四十天後，精液就會腐敗，並出現外形如透明人的非物質物。接下來，每天都要謹慎且小心地給予形成的東西人血，並保持相當於馬匹體內的溫度，保存約四十週後就能產生真正的小孩，亦即荷蒙庫勒斯。用這種方法產生的荷蒙庫勒斯，容貌跟人類所生的嬰兒幾乎沒兩樣，全身上下也看不出缺陷之類的異狀。不過，他們的身體非常小。另外，有一說指材料為精液加上數種藥草與糞便，也有人說誕生出來的荷蒙庫勒斯只能活在蒸餾器裡面。

最讓人感興趣的是，他們一出生就具備各種知識，也聽得懂人類的語言，據說是製造他們的鍊金術師賜給他們這些知識的。

荷蒙庫勒斯的真實面貌

根據《物性論》的說法，荷蒙庫勒斯是從人類的精液誕生出來的小人兒，但現代的科學研究如此發達，我們可以很肯定地說那是不可能實現的。然而，帕拉塞爾蘇斯不僅是鍊金術師，亦是一位知名的醫生，很難想像他會留下胡言亂語或騙人的文章。他留下的記述背後，應該還藏著其他的含意。

關於這一點目前已有許多考察，其中法國神祕思想研究家謝爾居・修坦（Serge Hutin），在著作《鍊金術（L'alchimie）》中留下的文字相當耐人尋味。

根據該書的說法，以科學角度來看，荷蒙庫勒斯信仰相當愚蠢，但對德國等國家的民間傳說卻有很大的影響。不僅有人相信製造出荷蒙庫勒斯的可能性，甚至有歷史學家認為，荷蒙庫勒斯是西元十八世紀至十九世紀流行的自動機械人偶（Automaton）之遺產。

這本書還提到，帕拉塞爾蘇斯有可能是為了傳授自身的鍊金術知識，而讓荷蒙庫勒斯帶有祕教意味。

帕拉塞爾蘇斯的肖像版畫。1541 年，瑞士作家托比亞斯・史塔納（Tobias Stimmer）繪。

近代的作家與學者則猜測，帕拉塞爾蘇斯或許是想以比喻的方式，說明與鍊金術師們追求的智慧——亦即賢者之石的鍊成有關的「金屬胚」是如何產生的。

賢者之石是一種讓賤金屬轉變為貴金屬的媒介物質。對鍊金術師而言，成功鍊出賢者之石，等於是獲得能自由操縱用來形成世界且為萬物根基的第一質料之力量，因此帕拉塞爾蘇斯的知識是他們渴望得到的資訊。

運用荷蒙庫勒斯創造靈的計畫

坊間盛傳荷蒙庫勒斯為製造人造人的可能性，或是鍊成賢者之石的指標。二十世紀初，巴黎有個男人得意且誇張地談論這種非現實的話題。他叫做亞雷斯特・克勞利（Aleister Crowley），他擁有「世界上最邪惡的男人」、「食人魔」、「墮落的魔王」等綽號，至今仍擁有許多死忠的支持者與批判者，被譽為二十世紀最厲害的巫師。

後來他寫了一篇有關荷蒙庫勒斯的小論文，內容詳盡並加入自身的巫術式見解。但是，這篇小論文的內容卻與過去談論的荷蒙庫勒斯似是而非。

話說回來，融入其巫術式見解的荷蒙庫勒斯能否

亞雷斯特・克勞利的照片。

稱得上是原來的人造人，這點就是個問題。克勞利在研究過後，認為荷蒙庫勒斯是「形體為人，具備各種知識與語言能力，但是不具有人類靈魂的存在」。而且，只要放進強大的行星之靈或元素之靈取代人類靈魂，就能產生擁有傑出才能的人造人，亦即荷蒙庫勒斯。

簡而言之，克勞利所說的荷蒙庫勒斯是人工製造、擁有才能的「人形生物」。因此，他想創造的荷蒙庫勒斯，並非鍊金術師欲製造的那種具備知識的人造人，而是以人工方式讓靈依附在人類身上，使之擁有肉體，也就是**人造靈**。

要創造人造靈，不可缺少的便是無人類靈魂的肉體。而他所採用的解決辦法，就是使用人類的胎兒。他認為人類的胎兒在剛受孕不久的時期是沒有靈魂的，所以要先鎖住胎兒，不讓靈魂進入，之後再放入行星之靈以創造荷蒙庫勒斯。因此，克勞利的製造方式與帕拉塞爾蘇斯提出的方法截然不同。

以下參考《月之子（Moonchild）》的內容，為各位簡單介紹克勞利製造用來容納靈的胎兒，亦即荷蒙庫勒斯的方法。

一　開始作業前，先準備一名願意協助儀式的女性。盡可能選擇符合出生天宮圖性質的人。

二　其次，準備一名願意協助的男性。這個人最好也是符合出生天宮圖者。

三　請這對男女拋開雜念專心性交，直到受孕為止。

四　完成前面的步驟後，把孕婦帶到大沙漠等較無人類靈魂徘徊的地方，在那裡畫出巨大的魔法陣，每天進行五至七次驅除源質（Sephirot）的儀式。此外，清除周邊除了預定使用的靈以外的各種影響，日夜焚燒適合該靈的香。每天當孕婦睡醒與入睡時，都要不斷地召喚靈。這段期間，孕婦絕不能離開魔法陣。

五　一旦產生胎動就表示靈已降臨，至此作業結束。

六　在接下來的待產期間，不斷利用書籍或繪畫教育靈。

七　接近生產期時，盡量延後或是提前生產，以決定適合孩子的上升宮。

八　孩子出生後，按照符合降生之靈的行星、幻想、十二宮的儀式，進行奉納、淨身使之聖化。

九　如此獲得的存在，便能成為具備人類形體與各種力量及特權，卻又擁有特定精髓及此星球所有知識與神通力的生物。

以上是克勞利在《月之子》後記中提到的荷蒙庫勒斯製造方法，不過這段記述還有後續就是了。如各位所見，這還真是相當超自然且龐大的生子工程。不過，比起帕拉塞爾蘇斯提倡的僅用精子製造人造人的計畫，這種方式確實能產下人類，想製造荷蒙庫勒斯的話或許值得一試。不過前提是，挑戰者得要會使用召喚靈的巫術才行……。

住在印度深山裡的狗頭亞人

狗頭人

【亞人種名】狗頭人
【拼法】Kynokephalos
【主要出處】《馬可波羅遊記》
【分布地區】印度、安達曼群島等地

中世紀歐洲的人們相信，印度附近住著狗首人身的狗頭人。西元前四世紀末，古希臘歷史學家克特西亞斯在《印度誌（Indica）》中介紹的狗頭人，脖子以下為人類，頭部為狗，還有一條毛茸茸的長尾巴。文明水準不高，以狩獵維持生計，喜歡肉類、牛奶、水果等食物。

除此之外的部分視傳說而有所差異，我們就直接來看古人的目擊證詞吧！

《印度誌》裡的狗頭人

前述的《印度誌》裡有詳盡的狗頭人資料。他們居住在印度西帕丘斯河（Hyparchos）流經的山林裡。人口有十二萬。他們穿著獸皮製成的衣服，利用犬吠般的方式溝通。牙齒尖銳，指甲近似狗爪，但是比狗爪還彎。他們聽得懂印度人的語言，可是不會說話。平常住在洞穴裡，交配時像狗一樣採用趴跪的姿勢。對他們而言，以其他姿勢交配是種族之恥。壽命很長，約一百七十歲，也有部分個體可活到二百歲。

狗頭人通常是以物易物，但也會像普通人那樣進行交易，他們把儲存的乾燥水果或琥珀獻給印度國王，然後購買小麥、衣服、狩獵用的弓或長槍。另一方面，印度國王每五年會買三十萬把弓、三十萬枝標槍、十二萬面盾牌、五萬把劍給狗頭人。這是因為他們正義感強、體能極佳，國王才會定期送他們武器以便運用於戰爭上。

印度的狗頭人有些野蠻，不過對印度人而言他們是親切的鄰居。

安達曼島的狗頭人

探險家馬可波羅將自己在亞洲的所見所聞彙整成《馬可波羅遊記》，在關於印度東部安達曼島（Andaman Islands）的記述裡，出現了疑似狗頭人的狗頭人種。安達曼島的島民崇拜偶像，過著野獸般的生活。他們非常殘忍，一旦發現外來者就會抓起來吃掉。

聖克里斯多福的傳說

據說基督教聖人克里斯多福（Saint Christopher）是狗頭巨人。某天，有人拜託個性傲慢的克里斯多福帶幼童渡河。他扛著小孩走進河裡，沒想到孩子卻越來越重，自詡為大力士的他終於動彈不得。當孩童表明自己是耶穌基督後，克里斯多福便屈服並改過向善，竭盡一生做個虔誠的基督教徒。據說他還活用自己的能力參與對抗異教徒的戰爭。

聖克里斯多福的宗教畫，為狗首人身的造型。俄羅斯西部羅斯托夫（Rostov）克里姆林宮收藏。

基督教神學家聖奧古斯丁（Saint Augustine），曾發表以下言論：「即使是像他們這樣的種族，也同樣是人類始祖亞當的子孫，所以不可以歧視他們。」由此可看出這類犬人有多麼廣為世人所知。

近代的亞人種

Demi-human in fiction

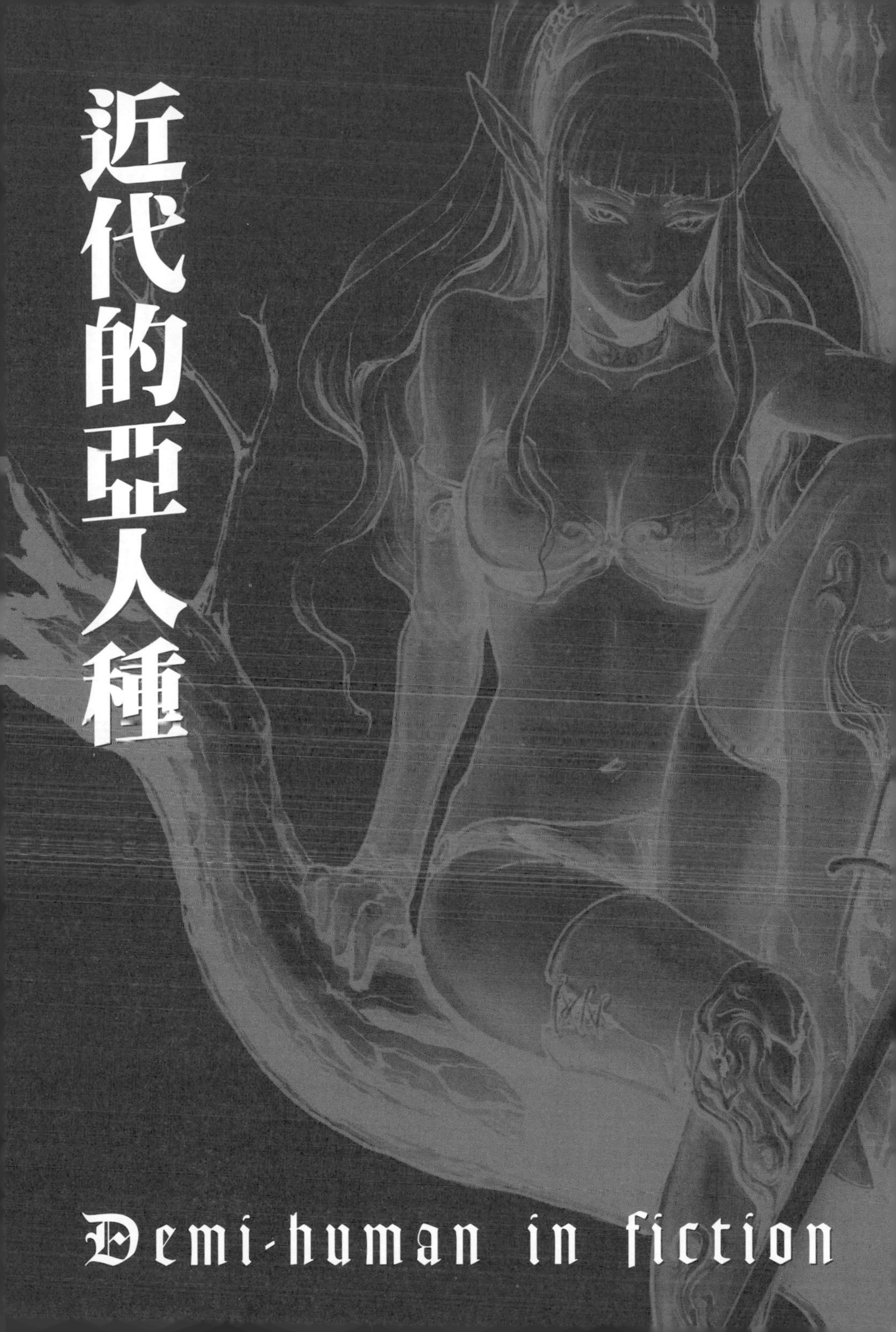

奇幻界的傳奇——魔戒

《魔戒》是約翰・羅納德・瑞爾・托爾金，於一九五四年至翌年發表的史詩奇幻小說。所謂的「史詩奇幻」，是指以完全原創的異世界為舞臺，劇情龐大、結構複雜的奇幻作品，時至今日，《魔戒》則已經成為史詩奇幻的代名詞。

小說發行至今，只要說起奇幻文學必定會提到這部作品，此套書全球銷售量更超過一億套，說它是二十世紀的暢銷書代表一點也不為過。

這部作品不僅有壯闊的故事情節，還創造出許多如本書介紹的哈比人（➡一百五十頁）與精靈（➡十四頁）等亞人種，為後世的創作帶來不少影響，立下世人肯定的偉業。

描述龐大歷史的《魔戒》世界

這部作品獲得讚賞的一大原因，就是作者為故事舞臺《中土世界》，建構了創世時代以來一萬年的歷史。

托爾金詳細設定了諸神的傳說、各種族的特色與歷史文化、眾多國家的興亡等要素，而《魔戒》不過是這段龐大漫長的歷史中一段極小的插曲。

若要真正了解《魔戒》的世界，就必須搭配世界觀相同的其他作品一起閱讀。左頁列出了四部世界觀與《魔戒》相通的主要作品並附上內容簡介，希望未接觸過的讀者能當作參考。

《魔戒》是從未知語言翻譯而成的作品

《魔戒》其實是以故事主角佛羅多撰寫的書為藍本。該書是用中土世界獨有的語言——西方語寫成，托爾金將之翻譯為英文後出版，亦即我們現在所讀的《魔戒》……作品是這樣設定的。

舉例來說，本書介紹過的亞人種「精靈」，在中土世界稱為「Quendi」或「Eldar」，托爾金則以英語將後者翻譯成「Elf」。像這樣將原創的名詞，轉換成大家都知道的單字後，不但能維持世界觀的獨創性，同時也能讓讀者更容易融入故事的情境。這也是創造數種中土世界專用的語言，明白語言重要性的語言學教授托爾金才能展現的手法吧！

與《魔戒》有關的主要作品

《哈比人歷險記》（出版：1937 年）

描述哈比人比爾博・巴金斯取得《魔戒》的關鍵物品「至尊魔戒」後返回故鄉的冒險過程。該作品原本是童書，因獲得廣大讀者迴響而促成《魔戒》的出版。

有關比爾博的活躍事蹟可參照哈比人（➡150 頁）的說明。

《魔戒》（出版：1954 ～ 1955 年）

哈比人佛羅多為阻止黑暗魔君索倫的野心，因而展開摧毀「至尊魔戒」的旅程。

這是受《哈比人歷險記》大獲好評的影響，經過 10 年歲月才出版的史詩奇幻小說。劇情走正統路線，以《哈比人歷險記》裡僅能讓人隱身的戒指為故事主軸，描述亞人種齊心協力對抗邪惡的過程。

《精靈寶鑽》（出版：1977 年）

托爾金的兒子克里斯多福・托爾金（Christopher Tolkien）編纂父親遺稿所出版的作品。該書片段式地講述《魔戒》的舞臺「阿爾達」的創世至《哈比人歷險記》時代的故事。

可說是了解諸神檔案，以及精靈與矮人等亞人種起源的最佳資料。

《未完成的故事》（出版：1980 年）

以未能收錄在《精靈寶鑽》與《魔戒附錄》裡的托爾金遺稿彙整而成的作品為主。詳細說明各時代故事檯面下的事件，配合《精靈寶鑽》一起閱讀可更加深入享受作品的世界觀。

不過需要注意的是，由於內容未經編輯，當中有些記述與正傳相左。

無比熱愛煙草的小矮人

哈比人

【亞人種名】哈比人
【拼法】Hobbit
【主要出處】《哈比人歷險記》、《魔戒》等
【分布地區】中土世界

哈比人是由約翰・羅納德・瑞爾・托爾金創造出來的矮小亞人種，居住在其小說作品《魔戒》（➡一百四十八頁）的舞臺——中土世界裡。或許是考量到他們為原創種族的關係，托爾金在《魔戒》的序章介紹了與哈比人有關的大小事，讓讀者了解他們的生活方式。

哈比人有著褐色捲髮，以及看起來相當溫和善良的圓臉，壽命約一百歲，滿三十三歲就視為成年人。身高約二～四呎，相當於六十～一百二十公分。以二〇一二年日本人的平均身高來看，他們的個子跟小學二年級的男生一樣或是更矮。班多布拉斯・圖克是這群矮小的哈比人中，身材格外高大的異類。他的個子高達一百三十五公分左右（以他們的標準來看），是少數能夠騎乘普通馬匹而非迷你小馬的哈比人。他善用這身武力，以愛用的棍棒擊退了襲擊哈比人聚落的半獸人（➡一百六十頁）。

哈比人個性開朗溫和，討厭爭鬥，並有著驚人的韌性，即使在逆境中也不感到挫折。儘管身材矮小不擅長戰鬥，有必要的話還是會以優異的投石技術打倒敵人。

另外，「哈比」這個名稱，源自中土世界的人類語言之一「洛汗語」中的「Holbytlan（住洞者）」。事實上，他們向來在山丘上挖洞，生活在地洞裡。其他種族常稱呼他們為「半身人」。不過，哈比人對這個稱呼很反感，認為對方不過是比他們高大的「大傢伙」罷了。

哈比人的歷史

中土世界裡的哈比人歷史充滿了謎團，只知道他們是由神創造的類人種族。不知何時整個種族分成三支部族——身材較矮小且喜歡住在山上的哈伏特一族、喜歡冒險且擅長唱歌的法絡海一族、身材較壯碩且

位在紐西蘭瑪塔瑪塔（Matamata）的哈比村。這裡是《魔戒》電影的拍攝地點，如實呈現出原著中的夏爾。

喜歡住在河邊的史圖爾一族。之後隨著時間流逝，他們的血統漸漸混合在一起，偶爾會有血統較純的哈比人顯現出該部族的特徵。

他們以布理為起點，建立了好幾個聚落，最後甚至形成夏爾這個規模不及國家但仍相當廣大的生活圈。起初由於居住地的關係，他們生活在人類治理的亞爾諾王國之下，亞爾諾王國滅亡後，他們就從各聚落選出一名「領主」，繼續過著平穩的自治生活。哈比人並不好戰，欲望也不多，只要一天吃過六餐就滿足了，因此在他們的社會裡領主並沒有權力，只是名譽上的稱號。不過，夏爾的中心地區「米丘窟」的市長每七年選舉一次，負責執行守望相助、郵政業務以及主持節日宴會的工作。

哈比人的生活模式

一如開頭的說明，哈比人生活在地洞裡，不過隨著時代演進，也有越來越多哈比人在地面上蓋房屋。蓋在地面的房屋基本上都是平房。也許是因為哈比人個子矮，他們並不喜歡高處，即使只有兩層樓高，他們仍舊不想靠近。

哈比人凡事自給自足，且不積極與其他種族交流，感覺就像是與世隔絕的種族，不過他們很好客，無論是哈比人還是人類都很歡迎。

他們也很喜歡送禮和收禮，總之個性十分豪邁大方。這種豪邁的個性，也影響了日後的創作，像《龍與地下城》的地底侏儒（⬇二百五十一頁）和《龍槍》系列的坎德人（⬇二百五十五頁）等矮小人種都繼承了哈比人的特色。另外，哈比人不可自拔地喜愛蒐集「用之無益棄之可惜的東西」，他們稱這些物品為「馬松」。夏爾還有收藏馬松的博物館「馬松屋」。

哈比人獨一無二的嗜好就是菸草，也就是香菸。抽菸是哈比人自創的文化，人人都聲稱自己才是首開抽菸紀錄的創始者。據說托伯・吹號者是第一位在家中栽種菸草的平民，他在族裡被當成英雄看待。

得到魔戒的英雄比爾博

在中土世界的歷史上，有幾名哈比人完成了重要的任務。其中一人就是比爾博・巴金斯。《哈比人歷險記》相當於一九三七年出版的《魔戒》前傳，主角比爾博則是住在夏爾袋底洞的普通哈比人。某天他偶遇灰袍巫師甘道夫，在半強迫的情況下與十三名矮人一起去冒險，要從住在孤山的惡龍史矛革那裡搶回財寶。

當時他所扮演的角色是「飛賊」。語意與現代的ＲＰＧ遊戲裡擅長開鎖或找出陷阱的「盜賊」相同。或許是受到這種印象的影響，後世創作裡的矮小人種基本上都適合盜賊職業。

起初比爾博是拖累眾人的包袱，但在冒險過程中，他獲得了可隱身的魔法戒指與精靈打造的魔法匕首「刺針」，運用這些寶物逐漸成長為這趟旅程的中心人物。而在順利達成冒險目的後，他帶著矮人贈送的財寶回到夏爾。但是，由於他仍與旅行中結識的精靈和矮人保持往來，結果在夏爾被大家當成怪人看待。

在這趟冒險中得到的魔法戒指，其實是黑暗魔君索倫製作的「至尊魔戒」，當中暗藏可怕的詛咒與強大的力量。在魔戒的影響下，他的外表不再衰老，然而心靈卻逐漸遭受侵蝕。

《魔戒》裡可以看到比爾博在夏爾盛大舉辦一百一十一歲慶生會的情景。他應眾人要求發表演說，卻突然宣布要離開夏爾去旅行，並用魔戒的力量從賓客面前消失蹤影。見到比爾博這有如巫師般的表演，眾人皆相信他會像從前去孤山冒險時一樣，再次帶著大批寶物回到夏爾。

比爾博隱身回到自家後，把財產託付給養子佛羅多，接著移居到精靈居住的瑞文戴爾。之後就在當地記錄精靈的傳說，過著和平的日子。

在魔戒的影響下，比爾博以一百三十一歲的高齡刷新哈比人的最長壽紀錄。可惜，故事並未提及他活了多久。

比爾博的心靈被侵蝕到無可挽救的地步，於是他前往唯一有可能治好自己的地方——精靈與矮人靈魂最後的歸屬——「蒙福之地阿門洲」，從中土世界消失了身影。

摧毀魔戒的英雄佛羅多

佛羅多・巴金斯是繼承比爾博取得「至尊魔戒」，最後背負摧毀魔戒使命的哈比人。個性謹慎、深思熟慮，是個不容許無謂殺生、有著惻隱之心的青年。

佛羅多很小的時候就失去雙親，後來由比爾博收養，成為巴金斯家的一分子。收養他的原因之一，是比爾博和佛羅多同一天生日，可以一併慶祝。佛羅多三十三歲成年時，繼承了比爾博的「至尊魔戒」和袋底洞。

之後，他從比爾博的好友甘道夫口中得知魔戒的重要性，而想要魔戒的黑暗魔君索倫也派手下襲擊他。於是佛羅多帶著魔戒前往精靈居住的瑞文戴爾，背負著把魔戒丟進末日火山裂隙，並摧毀它的使命。

「至尊魔戒」會腐蝕持有者的心靈，佛羅多一直忍耐邪惡的誘惑，可惜最後一刻他還是屈服了。救了佛羅多一命的，是他出於「惻隱之心」收留、作為僕人的咕魯。

咕魯是在比爾博之前持有魔戒的人，因為著迷於魔戒而變成邪惡的怪物。當佛羅多輸給誘惑，拒絕將魔戒丟進末日火山的裂隙時，咕魯搶走了戒指，卻一腳踩空跟著魔戒一起掉進裂隙裡。雖說是巧合，但佛羅多的惻隱之心對日後摧毀魔戒的行動帶來意想不到的影響。

佛羅多達成漫長旅程的目的，成為魔戒聖戰的大功臣，並獲得各種族的稱讚。但是，旅途中所受的傷侵蝕了他的身心，能夠為他療傷的只有身在蒙福之地阿門洲的維拉（神）。於是佛羅多和同樣負傷的比爾博一起乘船前往阿門洲，結束在中土世界的生活。

奇幻世界裡的反派固定班底

哥布林

【亞人種名】哥布林
【拼法】Goblin
【主要出處】《魔戒》系列、歐洲民間傳說
【分布地區】英格蘭、法國等地

在以奇幻世界為題材的創作上，哥布林堪稱是不可或缺的著名反派角色。在日本，由於哥布林曾於全球總銷售量達一億款的ＲＰＧ遊戲《Final Fantasy》系列中登場，使得知名度立即暴增。在這之前，哥布林可說是只有接觸過國外奇幻文學的人才熟悉的存在吧！

哥布林通常被描繪成長相醜陋的小矮人，給人的印象大多是結黨攻擊其他種族的怪物。智商中等，能使用簡單的工具與陷阱。總而言之他們是負責挨打、為故事增添趣味的角色。

其實，哥布林在歐洲是自古就廣泛出現在民間傳說裡的一種妖精，喜歡惡作劇。之後透過許多作品的渲染，才轉變成現在的形象。

喜歡惡作劇的妖精

在歐洲的民間傳說（尤其是英格蘭、法國）裡，惡質的妖精統稱為「哥布林」。其實歐洲存在著許多妖精，但天上飛的與水裡游的都不算是哥布林。只有住在洞窟或礦山等暗處的妖精才被視為哥布林。

哥布林害怕陽光，喜歡幽暗的地方，總是在夜間行動。除了洞窟，他們也會住在房屋裡，做出把廚房搞得一團亂、製造噪音、讓人做惡夢、打落果樹園的果實等擾人行為。除此之外，他們還會把人絆倒，或是集體攻擊人類。哥布林相當壞心眼，喜歡嚇人、做出讓人困擾的舉動。

據說若想趕走這些擾人的哥布林，可以在住家四周撒下亞麻籽。由於他們有將亞麻籽一粒一粒撿起來的習性，在撿拾亞麻籽的期間，天很快就亮了。太陽一旦升起，害怕陽光的哥布林就只得打道回府，因此不需要擔心會被他們惡作劇。

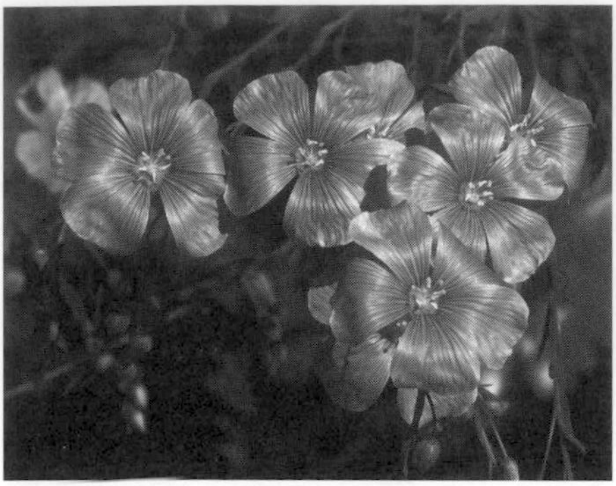

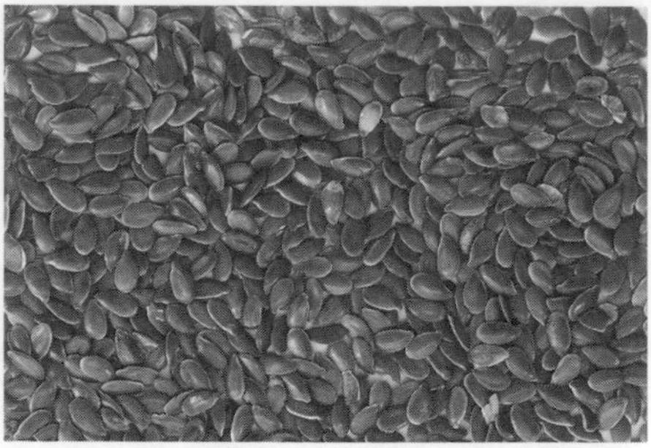

褐色的亞麻籽（右圖）與花（左圖）。日本的北海道可以栽種。只要撒下種子就不必擔心哥布林搗蛋了。

對人類很體貼的大哥布林

在英格蘭的民間傳說裡，可以發現哥布林的亞種——大哥布林（Hobgoblin）的蹤影。哥布林是喜歡惡作劇的壞妖精統稱，大哥布林則是好妖精的統稱。他們個性大方，對人類很親切，缺點是很容易生氣。一旦發怒就會轉而對人惡作劇，從這點來看他們確實是哥布林的同類沒錯。

現代的哥布林形象

到了近代，哥布林不再如過去那般作為壞妖精的統稱，反而較常被視為一支獨立的種族。

在約翰・羅納德・瑞爾・托爾金於一九三七年出版的暢銷小說《哈比人歷險記》裡，就出現過同名的亞人種。書中的哥布林與現在的形象頗為相似，是一支邪惡的種族。不過，續作《魔戒》出版時，哥布林卻變成英譯半獸人（⬇一百六十頁）時所用的名稱，《哈比人歷險記》中出現的哥布林則改稱成半獸人。不過，哥布林此時的形象卻帶給後世創作很大的影響。

其中格外顯著的例子，就是一九七四年發售的桌上ＲＰＧ遊戲龍頭《龍與地下城》。

《龍與地下城》裡的哥布林脾氣暴躁，和人類相比缺乏創造力與知性，是喜歡集體行動的種族。另外，哥布林繁殖力強，不管在洞穴、廢墟或下水道等地方都能生活。商隊和旅行者是他們搶劫、偷盜的目標，總是把對方身上的可用之物全數搶走。儘管他們力氣不大，但一大群哥布林同時發動攻擊的話依然具威脅性。不過，他們也有膽小的一面，一旦發現敵人占優勢就會立刻逃走或投降。

哥布林以部族為單位生活，各部族都有族長。不過，即使是當中力量最強的部族，有時也會受大哥布林統治，為他們建築堡壘或聚落。

至於哥布林的容貌，皮膚有黃色、橙色、紅色等顏色，膚色偏褐色的數量較多。眼睛也有各式各樣的顏色，體毛則偏黑色。大大的尖耳為其特徵，有些個體的尖牙還會露在嘴巴外。另外，雌性體毛濃密，有的會長出鬍子。

1799 年，西班牙畫家法蘭西斯柯・哥雅（Francisco Goya）繪製的小哥布林。手很大，模樣詭異。

哥布林的形象就這樣從妖精轉變成亞人種。好妖精大哥布林也因為這款作品，在日後成為地位比哥布林高的亞人種。

天魔王創造出來的殺戮生物

半獸人

【亞人種名】半獸人
【拼法】Orc、Ork
【主要出處】《哈比人歷險記》、《魔戒》
【分布地區】歐洲

半獸人跟哥布林（➡一百五十六頁）同樣都是奇幻作品裡的固定班底。半獸人大多被定位為高等版的哥布林，是體格壯碩又凶猛、頭腦簡單四肢發達的怪物。此外，他們的繁殖力強，對其他種族的女性施暴的情況亦不罕見。跟豬沒有兩樣的容貌是半獸人外觀上的特色。

半獸人的誕生

自從約翰・羅納德・瑞爾・托爾金，於一九五四年至一九五五年出版的《魔戒》三部曲中出現這個名詞後，「半獸人」就廣為一般人所知了。其實一九三七年發行的《哈比人歷險記》裡，托爾金在英譯半獸人這個種族時用的是「哥布林」這個稱呼。因此《魔戒》出版之後，《哈比人歷險記》裡的哥布林都改寫成半獸人。托爾金的另一部作品《精靈寶鑽》（一九七七年出版）中也有描寫到半獸人。

在《魔戒》裡，半獸人是英勇的戰士，當初天魔王米爾寇想仿造諸神的子孫精靈（➡十四頁），結果卻製造出這些失敗的生物。在這部作品裡，半獸人是優於人類劣於精靈的種族。

但是，之後出版的《精靈寶鑽》，卻改變了半獸人的地位。在這部作品中，半獸人原本是精靈，米爾寇把他們抓來關在黑暗的牢房裡慢慢折磨使之墮落，才使他們變成醜陋的怪物。他們跟人類差不多大，美麗的肌膚因痛苦和憎恨而變成灰色，甚至還長出鉤爪，模樣十分駭人。也許是因為長期生活在痛苦又不見天日的地方，使得他們個子變矮，也討厭陽光。

他們具備智能，手很靈巧，對機械很有興趣，會製作十字鎬或斧頭等用來破壞的工具。不過，他們不會製造除此之外的物品，是一群只會破壞的存在。另外，半獸人的繁殖力非常強，即使差點滅絕也能重新振作起來。坦白說，現代的半獸人形象，其實受到《精靈寶鑽》裡的半獸人很大的影響。

半獸人的模樣

在現今的奇幻作品裡，半獸人大多是人形豬的模樣。托爾金的著作可說是半獸人一詞的出處，然而作品中不但沒有讓人聯想到豬的描述，他們的外觀反而更近似人類，身材也跟人類差不多。事實上，二〇〇一年上映的真人電影《魔戒首部曲：魔戒現身》裡出現的半獸人看起來也不怎麼像豬。

雖然《魔戒》的日文版小說裡曾有人蔑稱半獸人為「蠢豬」，光憑這點就把他們跟豬連結在一塊是有些牽強的。

關於這點，艾德・德瓦利斯（Ad de Vries）的見解是較具說服力的看法之一。愛爾蘭語「Orc」有「豬」的意思，此外，養豬人自古以來就被當成擁有預言能力的聖職者，而落魄的養豬人則帶有邪惡的印象。

另一種看法則認為，希臘神話的豬首神福爾庫斯（Phorcys）是半獸人的原型。福爾奇斯（Phorcis）是中東古代的繁榮城市巴比倫所信仰的女神，後來名字轉為男性名詞「福爾庫斯」，模樣則變成作為祭品的豬。

儘管有諸多說法，至今仍無法確定半獸人變成豬模豬樣的原因。

野蠻的掠奪者

因《魔戒》而廣為人知的半獸人，後來在暢銷ＲＰＧ遊戲《龍與地下城》中登場，使得知名度更加攀升。

《龍與地下城》裡的半獸人皮膚為灰色，除此之外的設定跟《魔戒》裡的半獸人大同小異，但是他們的形象變得更加野蠻凶暴。

《龍與地下城》的半獸人，是一支崇拜虐殺神格努須（Gruumsh）的種族，被視為嗜血又野蠻的掠奪者。他們會為了食物與財寶互相爭鬥，喜歡近身戰鬥，是一支會一頭栽進戰事中的好戰種族，同時也是殘虐又熱愛破壞的殺手。他們跟哥布林不同，不僅力氣大，也沒有撤退或投降的念頭，總是果敢地接受挑戰。

半獸人喜歡生活在有許多易於防守的洞窟之丘陵地帶或山岳地帶。他們不蓋特定的住所，只會修補既有的洞窟，並在那裡過活。半獸人也會簡單加工鐵或石頭，只不過他們生性懶惰又貪婪，因此比較喜歡搶奪其他種族做好的工具、武器、物品和建築物。

半獸人也存在部族社會，最強的半獸人是率領部族的酋長。出身相同部族的半獸人會將彼此視為同族。此外，他們也會跟食人魔（➡八十四頁）一起作戰，亦有遭到力量比自己強的黑暗統治者或邪惡怪物強迫或威脅而變成僕人的情況。

另外，日產ＲＰＧ遊戲《劍之世界（Sword World）》裡也有「Oak（譯註：日文寫法與半獸人相同）」，他們是古王國人以魔法賦予樹枝或石塊短暫生命而成的一種傀儡（Puppet Golem）。這裡的「Oak」則為「橡樹」之意。

黑暗魔君的僕人與戰鬥機器

強獸人

【亞人種名】強獸人
【拼法】Uruk-hai
【主要出處】《魔戒》、《哈比人歷險記》等
【分布地區】中土世界

強獸人是半獸人（➡一百六十頁）的高等品種，在約翰．羅納德．瑞爾．托爾金於一九五四年至一九五五年出版的《魔戒》三部曲中登場。他們效命於魔多，在當地的語言裡為「身軀龐大的半獸人」之意，有時也會單純寫做「Uruk」。

他們跟半獸人不同，完全不怕陽光，而且力量強大，忍耐力十足，更是殘虐而令人畏懼的存在。智能方面也是半獸人所無可比擬的，只有強獸人能夠學會黑暗語。他們的皮膚和血液都是黑色，眼神銳利，身高跟人類差不多，亦被稱為「戰鬥用半獸人」。索倫如何製造出強獸人這點不得而知，有一說為透過禁忌的方式由人類與半獸人交配而成。

他們有時會混在半獸人裡指揮部隊，也常自成一軍，身穿黑色盔甲與黑色鎖子甲，揮舞長劍與長槍，拿著刻有火紅眼睛紋章的盾牌戰鬥。

索倫的忠實部下

在《魔戒》裡，強獸人的歷史始於黑暗魔君索倫奪取南方人類王國剛鐸的東塔——米那斯伊希爾。索倫將搶來的東塔命名為米那斯魔窟（妖術之塔），將具備怪力的黑色半獸人「強獸人」配置在那裡。

索倫派強獸人攻擊剛鐸舊都奧斯吉力亞斯，放火破壞了石橋。剛鐸王國的增援部隊趕到時，強獸人假裝撤退並在附近留下伏兵，以進行游擊戰。這項策略奏效，剛鐸王國最大的城市因而荒廢。之後，強獸人就配合索倫的軍事構想，派遣到魔多外面的據點一帶，在當地擔任指揮官或國王。如此受黑暗力量重用的強獸人，便紛紛主動投身至邪惡的一方。

到了《魔戒》的尾聲，主人索倫遭到消滅後，他們便跟其他矮小的半獸人及邪惡野獸一起消失蹤影，面臨被殺或自相殘殺的命運。

強獸人的同類

迷霧山脈的摩瑞亞坑道從前是矮人的都市凱薩督姆，後來由半獸人大王「阿索格」統治。根據《魔戒三部曲：王者再臨》附錄的說明，阿索格是個身材高大的半獸人，動作敏捷力大無窮。他的身邊還有許多跟他一樣的戰士，故包含阿索格在內的這些半獸人可能就是強獸人。

一九三七年出版的《哈比人歷險記》第四章中，出現一名跟阿索格一樣高大，腦袋十分巨大的哥布林。他的身邊站著許多拿著斧頭和長劍的哥布林。既然哥布林就是指半獸人，這位高大的哥布林極可能跟阿索格一樣都是強獸人。

另外，阿索格的兒子「波格」曾在《哈比人歷險記》第十七章裡登場。當中提到波格擁有一支由身材高大、手持鋼鐵彎刀的哥布林組成的禁衛軍，他們應該也是強獸人。

電影版《魔戒》裡的強獸人

在二〇〇一年上映的電影《魔戒首部曲：魔戒現身》中，強獸人是巫師薩魯曼以妖術混合人類和半獸人而成的種族，自認地位比半獸人還高。他們跟半獸人不同，不僅個子較高，肌肉發達，還有一頭黑色長髮。小說裡的強獸人使用劍與長槍，電影裡的他們也會使用十字弓戰鬥。

《貝奧武夫》裡的野人哥倫多

《魔戒》作者托爾金筆下的奇幻世界，是從有眾多英雄登場的北歐神話，以及北歐神話系統下的英雄故事《貝奧武夫（Beowulf）》獲得很大的創作靈感。

《貝奧武夫》是描述貝奧武夫這位偉大戰士半生的作品，前半部為他年輕時的冒險過程，後半部則描寫年老的貝奧武夫王討伐危害國家的惡龍始末。在前半部青年期的冒險中，出現了與上一頁介紹的強獸人非常相似、強壯又厲害的反派亞人種。那就是名叫哥倫多（Grendel）的沼地巨人。

哥倫多是個外表醜陋的人形怪物，不僅具備怪力，身軀龐大的他還有超乎想像的敏捷身手。據說他的祖先，就是猶太教和基督教的聖典《舊約聖經・創世記》中，人類史上第一位殺人犯——該隱。該隱殺害弟弟亞伯而遭上帝放逐，而該隱的後裔哥倫多同樣面臨在荒野流浪的命運。所以哥倫多平常都會在沼地或湖泊四周徘徊。

在《貝奧武夫》的故事裡，丹麥國王荷羅斯加（Hroðgar）在自己的宮殿開了好幾天宴會，激怒了住在城堡附近的哥倫多。於是哥倫多趁深夜襲擊宮殿，殺害荷羅斯加王的家臣。

十二年後，貝奧武夫來到國王的住處，自告奮勇前去消滅哥倫多。貝奧武夫徒手面對哥倫多，使出絕技，將他的手臂扯斷，造成致命傷。

之後貝奧武夫也成功消滅了想替兒子報仇的哥倫多之母，使未來的國王名聲更為響亮。

克服唯一弱點的戰鬥機器

巨魔

【亞人種名】巨魔
【拼法】Olog-hai
【主要出處】《魔戒》
【分布地區】魔多邊境的山岳地帶

食人妖（➡七十二頁）是北歐神話裡的一種妖精，以斯堪地那維亞半島為中心的北歐各國，大多將之描繪成外表醜陋、全身毛茸茸的巨人或小矮人……這部分前面已經介紹過了。

約翰・羅納德・瑞爾・托爾金在自己的著作《哈比人歷險記》中，創造出冠上傳說中的妖精之名、生性凶惡的亞人種——食人妖。

之後，食人妖在《魔戒》裡更進一步地進化。他們被稱為巨魔，是殘忍且邪惡的黑暗魔君僕人。

他們被視為食人妖的高等品種，手持大型武器，並有著能確實抓住敵人的尖銳鉤爪及巨大獠牙。為了保護身體，他們舉著漆黑樸素的大圓盾，穿著比石頭還堅硬的鎧甲，模樣像人類，身高與體寬為人類的二倍以上。故事裡鮮少提及巨魔平時的生活，從這些著重於戰鬥的設定可以看出他們是一種特異的存在。

不畏光線的強壯食人妖

根據《魔戒》的描述，在太陽紀元第三紀，統治魔多的魔戒之王索倫抓了食人妖，用他們創造出新種的食人妖，在黑暗語中稱為「Olog-hai」。

據說他們是利用品種交配培育出來的，但是無人知道索倫是用哪種種族培育，也不曉得他是否用了什麼特殊的方法。亦有人認為他們不是食人妖，而是巨大的半獸人，但是巨魔與半獸人並無相似之處。

這種邪惡的生物出沒於森林與魔多邊境的山岳地帶，大小跟普通的食人妖差不多，但是他們擁有驚人的臂力以及小聰明，是一支難纏的種族。

此外，他們是仿照嗜血的凶暴野獸所創造出來的種族，在戰鬥方面無人能出其右，綜合來看實力遠勝過普通的食人妖。

巨魔最可怕的特徵，就是不像食人妖那樣有著懼怕陽光的致命弱點。因此，他們亦可在大太陽底下作戰，是魔戒之主索倫的重要戰力。

出現在黑門之戰裡的「山丘食人妖」究竟是？

在《魔戒》的尾聲〈黑門開啟〉中，出現了食人妖大軍以及一名高大的食人妖酋長，他們極可能就是一群巨魔。以下這段記述引自《魔戒三部曲：王者再臨》（聯經出版公司，朱學恆譯）。

半獸人被山坡所阻擋，因此停下腳步對著守軍射出箭矢；一大群山丘食人妖則是推開他們，從葛哥洛斯一路衝了過來，像是野獸一般狂吼。牠們比人高、比人壯，身上只披著貼身的鱗甲，或許那是牠們的皮膚也說不定。這些食人妖拿著大圓盾，揮舞著沉重的錘子，牠們毫無所懼地衝進池水中，大吼著奔來。牠們像是颶風一樣打散了剛鐸的防線，敲碎頭盔和腦袋、砍斷武器和盾牌，如同鐵匠一樣撼動整個原本毫無縫隙的防線。貝瑞貢被對方的一擊震倒在地上，高大的食人妖酋長彎下腰，伸出手，準備將敵人的喉嚨咬斷。

原著裡只提到山丘食人妖，並未明確寫出「巨魔」這個名稱。

從這段文章可以發現不少本節序文列舉的巨魔共同點，例如體格比人類壯碩、拿著沉重的錘子、穿著堅固的鱗甲……等等，因此他們有可能是巨魔組成的大軍。

不過，也有人認為山丘食人妖是食人妖的亞種，只不過，究竟真相如何，只能交由《魔戒》的讀者自行判斷了。

最強戰鬥種族的末路

巨魔克服了曬到陽光就會死亡的致命弱點，是一支強大到堪稱無敵的種族。然而，創造主索倫遭到消滅後，他們的命運也隨之決定了。

其實索倫創造出來的巨魔並沒有自己的意志，他們是任憑創造主操縱的戰士。過去仰仗索倫之力而活的巨魔，在主人遭到消滅、「至尊魔戒」被摧毀後頓時猶如行屍走肉般四處徘徊。即使遇到人類或精靈的攻擊，巨魔也沒有反擊或逃走，只是乖乖任人宰割，最後這支為了戰鬥而誕生的強壯種族，就這麼從世上消失了蹤影。

森林裡偉大的原住民

樹人

【亞人種名】樹人
【拼法】Ent
【主要出處】《魔戒》
【分布地區】法貢森林

在約翰・羅納德・瑞爾・托爾金於一九五四年出版的《魔戒》舞臺——中土世界裡，樹人是第三個誕生的種族，外觀看起來猶如人形樹木。

他們就像是會走路的大樹，身高將近人類的三倍，大約十四呎（約四・二公尺），在某個意義上可算是一種巨人族。

樹人能夠徒手粉碎岩石與鋼鐵，攻打巫師薩魯曼統治的艾辛格時，就是由幾名樹人以蠻力破壞巨大的城門。

他們的壽命長到幾乎沒有盡頭，據說樹人誕生至今尚無人壽終正寢。樹人的大長老「樹鬍」法貢，自該族誕生後活了七千年以上的歲月。如此長壽的樹人也有弱點，他們跟樹木一樣，只要被砍倒或焚燒就會喪命。

他們能夠使用各種語言，不過基本上以精靈教導的精靈語和樹人用來溝通的樹人語為主。樹人語艱深到無人聽得懂他們在講什麼，《魔戒三部曲：王者再臨》的附錄裡則有以下說明：「緩慢、宏亮、有凝聚感、重複、連續不斷。樹人語言中的高低起伏、抑揚頓挫和母音的變化無比繁多。」根據樹人的說法，他們覺得一般的語言聽起來「很急」。

樹人居住的地方叫做「樹屋」，不過那裡只有流水和當成桌子的石頭。畢竟他們就跟樹木一樣站著睡覺，屋子只要有這點功能就足夠了。屋子落下的泉水有特殊效果，能夠提供樹人支撐龐大身軀的能量。喝了這泉水的哈比人梅里和皮聘，後來長得比一般的哈比人要高出許多。

樹人的誕生與樹妻

樹人的誕生與矮人（➡二十頁）有密切的關係。矮人是比樹人更早誕生的種族，他們會砍伐樹木作為鍛造時使用的燃料。

大地之后雅凡娜無法坐視不管，她想保護樹木，於是創造了樹人，賦予他們守護森林的使命。一誕生下來的樹人，就過著保護森林的平穩生活。

雖然樹人外觀跟樹木沒兩樣，其實他們也有性別之分。女性樹人稱為樹妻，男性樹人十分喜愛美麗的她們。但是，比起樹木，樹妻更愛整頓過的大地，喜歡待在漂亮的庭園或田地裡。這種喜好上的差異，成了日後男女樹人分開生活的主要原因，最後樹妻為尋求豐收的大地而離開了蒼鬱的森林。

如樹木般慢條斯理的樹人，有時會去拜訪樹妻，再回到森林生活。

前述的最老樹人「樹鬍」法貢，也曾懷念地談起拜訪情人芬伯希爾的往事。

後來，侵襲中土世界的戰亂讓樹妻消失了蹤影。她們滅亡了嗎？還是到某處旅行了呢？至今都沒有關於她們的消息。不過，樹人依舊期盼能與樹妻再度過著安穩的生活。另一方面，樹妻的消失對樹人一族而言是很大的打擊。因為這個種族只剩下男性，無法增加後代。因此，樹人只能等著一步步走向滅亡。

魔戒聖戰與樹人

在《魔戒》的時代，樹人只剩下住在中土世界中央，法貢森林裡的五十人左右。即使不會因壽命的關係而死去，有些樹人仍會在漫長歲月中，逐漸變得像真正的樹木那般無法動彈。

在《魔戒二部曲：雙城奇謀》中，哈比人皮聘和梅里闖入法貢森林，遇到了最老的樹人法貢。他招待兩位哈比人，因而得知黑暗魔君索倫進逼中土世界，以及把西方的艾辛格當成據點的巫師薩魯曼對森林造成的威脅。

於是法貢召集能動的樹人，召開會議決定今後的行動。會議長達三天，最後他們決定進攻艾辛格打倒薩魯曼。促使溫吞的樹人展開行動的最大原因，就是薩魯曼手下的半獸人。半獸人經常無緣無故砍伐樹木，這點讓樹人相當氣憤。

能動的樹人猶如海嘯般湧向艾辛格，打破牢固的大門後一鼓作氣進攻。雖然有幾名樹人遭受火焰攻擊而喪命，最後薩魯曼被困在歐散克塔無法動彈，艾辛格就此淪陷。

此外，法貢也應灰袍甘道夫的請求，派出援軍協助在其他地方作戰的人類與精靈，消滅了許多半獸人，為勝利提供貢獻。而且，他們也竭力驅除來到法貢森林附近的半獸人軍隊，在席捲中土世界的戰亂中充分發揮樹人的力量。戰後艾辛格種植了許多樹木，變成景色優美的場所，而樹人就在那裡過著和平的生活。

各式各樣的樹人

除了樹鬍法貢之外，作品裡還出現不少有名字的樹人。

首先是年紀與法貢相當的「樹皮」佛拉瑞夫與「葉叢」芬格拉斯。佛拉瑞夫感嘆自己的族人遭受半獸人的傷害，因而躲藏在樺木林裡不願出來。芬格拉斯則是長年以來都在昏睡的樹人，他們不像法貢那樣到處走動。

另一名與故事有關的樹人，則是族人中個性較為急躁的「快枝」布理加拉德。召開樹人會議時，法貢把他找來，在會議結束之前負責照顧哈比人梅里和皮聘。由於布理加拉德珍視的樹木遭到薩魯曼的手下破壞，使他很早就下定決心為樹木報仇。

他認為自己沒必要參加會議，因此在樹人做出結論之前，與兩名哈比人和樂地度過三天的時光。

樹人的隨從——胡恩

在艾辛格攻防戰中，樹人驅使的是會動的樹木——胡恩。他們的模樣比樹人更接近樹木。胡恩是退化到無法行動或說話的樹人，或是由樹人細心照料的樹木變化而成。他們比樹人還要凶暴，而且攻擊性強，有時會胡亂攻擊接近他們的事物。

「樹鬍」法貢派給甘道夫的援軍就是一群胡恩。聚集在一起的他們猶如一座森林，將大勢已去，企圖逃跑的半獸人軍團殺得片甲不留。

《RuneQuest》的艾爾卓亞民

世界無奇不有，有部作品裡出現了具備樹人特徵的精靈（➡十四頁）。

一九七八年發售的桌上RPG遊戲《RuneQuest》，其舞臺「古羅蘭薩（Glorantha）」世界裡的精靈，只能用「會動的植物」來形容。

在古羅蘭薩的語言中，他們被稱為艾爾卓亞民（Aldryami），是植物女神艾爾卓亞（Aldrya）創造出來的種族。

他們跟《魔戒》裡的樹人一樣都有保護樹木的使命，但態度不如樹人那般寬容。不論有什麼理由，凡是傷害森林者他們都會徹底予以反擊。另外，他們也很會記仇，對於過去燒毀大片森林的國家始終懷抱著深深的敵意。也許是這種個性使然，他們與其他種族的感情似乎不太融洽。

艾爾卓亞民的繁衍方式跟植物一樣，女性產下種子，等種子長人結出果實，裡面就有小孩。

艾爾卓亞民是以原型植物種類來區分顏色。比方說，針葉樹的艾爾卓亞民就是綠精靈，落葉樹是棕精靈，熱帶樹則是黃精靈。

其他的艾爾卓亞民

除了前述三種外，艾爾卓亞民還有許多種類。簡單來說，有植物之神的地方就有艾爾卓亞民。

例如菌類女神蜜・瓦娜拉（Mee Vorala）創造了黑精靈（Voralan），藻類女神瑪斯朵萊亞（Murthdrya）創造了外觀像人魚的藍精靈（Murthoi）。不過嚴格來說，這些精靈與仿造陸上植物的綠精靈或棕精靈是不同的種族。

象徵迫害的美麗混血兒

混血精靈

【亞人種名】混血精靈
【拼法】Half-elf
【主要出處】《魔戒》
【分布地區】中土世界

混血精靈顧名思義，就是指人類與精靈（➡十四頁）的混血兒。

一般來說他們都會繼承精靈的種族特徵，然而壽命卻只有精靈的一半，耳朵通常也沒有精靈那麼尖。

另外，父母雙方的種族都會迫害他們，可說是天生就得走上苦難之路的種族。大部分的作品都是採女性精靈在戰亂中遭人類男性侵犯才產下混血精靈（相反的情況極少）的設定。當然，也有混血精靈出生在幸福的家庭，不過即使是這種情況，也幾乎都會面臨父母早逝，隨後受到一般社會迫害的命運。

因此，混血精靈可算是兼具人類與精靈兩個種族的特質，卻也帶有異族通婚這種戲劇性的印象……說得誇張一點就是混種的亞人種。

《魔戒》裡的「半」精靈

說起混血精靈的歷史，可回溯至北歐神話的時代。神話中可以看到人類與精靈之子的存在，不過他們被視為神與人的混血兒，跟現在的混血精靈形象相去甚遠。

到了二十世紀，約翰・羅納德・瑞爾・托爾金的奇幻小說《魔戒》和《精靈寶鑽》等一系列作品發表後，混血精靈的識別度才逐漸提高。

混血精靈這個名稱，通常是指有一半精靈血統的混血兒，但在《魔戒》裡，混血精靈則是指擁有人類與精靈雙方命運的人。為了與現代的混血精靈作區別，以下的介紹改以「半精靈」來稱呼他們。

有一些看法認為，半精靈是指人類男性圖爾與精靈女性所生的「埃蘭迪爾」，以及其妻半精靈「愛爾溫」、兒子「愛隆」和「愛洛斯」這四個人。原因在於，他們是最早面臨選擇人類或精靈命運的半精靈。

雖然那個時代也有如愛爾溫的父親與兄弟這類混血精靈的存在，可惜他們英年早逝，故無從得知他們選擇歸屬人類還是精靈的人生。

傳說中的半精靈——航海家埃蘭迪爾

時間是中古世界的太古時代第一紀元。半精靈一家的家長埃蘭迪爾，是穿戴眾水之主烏歐牟武具的戰士圖爾，以及精靈王國貢多林的公主伊綴爾所生的兒子。外公相當喜愛身為人類的圖爾，順利的話埃蘭迪爾將來也會是精靈王國的統治者。

然而，由於愛慕伊綴爾的精靈背叛，貢多林遭到半獸人摧殘而毀滅。好不容易逃出來的圖爾一家人便隱居在西瑞安河口。之後，隨著歲月流逝，壽命將至的圖爾與妻子伊綴爾一同乘船，前往西方中土世界居民魂魄最後抵達的「蒙福之地阿門洲」。

圖爾的繼承人埃蘭迪爾成為西瑞安河口的領主，並與祖父為人類的半精靈愛爾溫結婚，生下愛隆和愛洛斯兩名兒子。

一家人只過了短暫的幸福生活。埃蘭迪爾嚮往大海，而且出海的雙親也一去不返，因此他決定前往蒙福之地阿門洲。除了滿足自身的好奇心之外，他也想將中土世界遭邪惡根源魔苟斯摧殘的現狀告訴阿門洲的統治者維拉（既是神亦是天使般的存在）。

不久，埃蘭迪爾就把家人留在河口啟程旅行，結果因為力量不足而中途折返。就在這時，本該留在家鄉的愛爾溫卻出現在他面前。原來是西瑞安河口遭到攻擊，愛爾溫差點喪命，後來利用雙親留下的精靈寶鑽力量，變成一隻鳥逃到丈夫身邊。

得到妻子的幫助後，埃蘭迪爾順利抵達阿門洲，將中土世界的困境告訴維拉，成功獲得援助。但是，神卻不許他回到中土世界，要求他選擇歸屬人類還是精靈的命運。埃蘭迪爾讓妻子愛爾溫決定，兩人選擇以精靈的身分活下去。於是，他們跟其他的精靈一樣，獲得了永恆的壽命。

之後，埃蘭迪爾把精靈寶鑽戴在額頭上，乘著能夠飛行的船，前去打倒魔苟斯的手下黑龍安卡拉剛。埃蘭迪爾乘著飛行船翱翔於天空，精靈寶鑽的光芒照亮了中土世界。那道光芒被稱為「希望之星」、「大盼望之星」，所有種族皆仰頭注視。

埃蘭迪爾的子孫

留在中土世界的愛隆與愛洛斯兩兄弟幸運活了下來，在維拉應父親的請求打倒魔苟斯後，兩人便走上不同的命運。愛洛斯選擇歸屬人類的命運，變成壽命有限之人。他成為蒙福之地阿門洲與中土世界之間的島國努曼諾爾第一代皇帝，變成人類後仍活了長達五百年的歲月。

至於愛隆則選擇歸屬精靈的命運。魔苟斯死後，黑暗魔君索倫崛起並企圖征服中土世界，愛隆便投身於對抗索倫的戰役中。他以瑞文戴爾為據點，成為一位偉大的國王。也許是流著人類血統的半精靈宿命使然，數千年之後，他的女兒亞玟與人類勇士亞拉岡墜入情網。最後，她放棄歸屬精靈的命運，決定變成人類接受有限的生命。雖然她跟愛洛斯一樣長壽，在丈夫亞拉岡死後，她就向親友們道別，前往與丈夫互許終身的瑟林安羅斯山丘，在那年冬天離開人世。

混血精靈這個種族

托爾金筆下的半精靈是種不知能否稱為種族的存在，直到一九七四年桌上ＲＰＧ遊戲《龍與地下城》推出後才誕生混血精靈這個種族。這款遊戲為立場模糊的混血精靈做出明確定義——混血精靈是人類與精靈的混血兒，他們既非人類也非精靈。

在補強《Ｄ＆Ｄ》世界觀的擴充集《宿命之種族（Races of Destiny）》中，混血精靈則設定成跟迫害無緣，無論在人類或精靈社會都能生存的種族。根據該書的說明，在精靈社會成長的混血精靈喜歡取人類的名字，個性好動。反之，在人類社會成長的則喜歡取精靈的名字，對藝術有興趣，行為舉止如精靈般優雅高尚。這是摸索雙方種族的妥協點，欲繼承雙方優點的混血精靈獨有的特色。此外，也有單純由混血精靈組成的小型社會，混血精靈結婚後仍會生下混血精靈，因此這類聚落不曾消失過。

那麼，混血精靈遭受迫害的印象是從何而來呢？

由《龍與地下城》衍生的小說《龍槍》，其主角混血精靈坦尼斯，曾經在精靈的聚落遭受迫害。在《龍槍》廣受歡迎的影響下，這個設定流傳到全世界，才使得「混血精靈遭到雙方種族的疏遠」印象固定下來吧！

異族之間的婚姻

在奇幻世界裡，「混血兒」的存在是不同種族結合的證明。早在混血精靈誕生前，異族通婚就是自古流傳的故事題材。

在日本，最有名的例子就記載在《古事記》與《日本書紀》裡，化身為龍的豐玉姬與山幸彥結婚的故事。他們的孫子則是神武天皇，天皇家可說是龍與人混血的家系。

在我們身邊也有上述這種異族通婚的事例。

但是，亞人種的定義之一——特殊性，這類混血兒最多只能維持幾代，實在無法稱之為「種族」。不過，半神半人或許也可當成亞人「混血神」就是了。

重點在於愛護異形的心

以下引用《婚姻的原型　異類婚姻的起源》作者高橋康夫的言論：

「我們可以把人們排斥且無視之部分所產生的體貼，視為異類婚姻的起點。」

換言之，異族通婚的基礎，在於接納人類通常會排斥的特異部分（例如：動物的特徵、超乎尋常的能力）的體貼之心。

在日本，從前古人對亞人種大多抱持恐懼的態度，如今卻有越來越多「體貼」之人將特異部分視為「萌點」，而更加喜愛。換句話說，有越來越多人不自覺地實踐了高橋康夫的言論。

雖說現在亞人種不會出現在我們面前，不過無論他們何時現身都沒有問題。想必不用多久就會誕生出混血兒，而他們也不會遭受迫害，成為繁榮的新種族吧！

有著邪惡之心的「漆黑」精靈

黑暗精靈

【亞人種名】黑暗精靈
【拼法】Dark elf
【主要出處】《龍與地下城》、《羅德斯島戰記》等
【分布地區】地下世界、幽暗森林等地

有光就有影，黑暗精靈即是與精靈（➡十四頁）成對比的「膚色漆黑的精靈」。在作品中，他們通常是與精靈敵對的邪惡存在。

黑暗精靈給人的一般印象，就是跟精靈一樣全為俊男美女，扣除耳朵尖長這點外跟人類沒什麼不同。膚色則是黑色或灰色等暗色，彷彿顯示其邪惡的程度。此外，他們還擅長隱密行動，亦常被設定為暗殺或諜報活動的專家。

語源為北歐神話裡，與精靈的起源光之精靈成對的暗之精靈。但是，承襲的只有名稱而已，暗之精靈本身則是矮人（➡二十頁）的起源。

約翰・羅納德・瑞爾・托爾金的著作《魔戒》（➡一百四十八頁）中也出現過黑暗精靈這個名詞，不過在小說裡這是用來表現精靈一族部族差異的名詞。雖然稱為黑暗精靈，但他們跟邪惡扯不上關係，與我們印象中的黑暗精靈截然不同。若說到與精靈成對的存在，以精靈創造出來的邪惡種族半獸人（➡一百六十頁）立場還比較接近，但是他們缺乏精靈那般的美貌與知性，不足以稱為黑暗精靈的原型。

那麼，我們印象中的「邪惡的黑暗精靈」是何時誕生的呢？

「卓爾」一族是黑暗精靈的原型

在一九七四年發售的桌上ＲＰＧ遊戲《龍與地下城》所創造的世界裡，可以見到名為「卓爾精靈（Drow）」的亞人種，他們就是我們熟知的黑暗精靈之原型。

卓爾精靈除了漆黑膚色與白髮外，外貌跟《龍與地下城》裡的精靈（➡十九頁）幾乎沒兩樣。

個性陰沉，認為「別人的失敗就是自己的快樂」，對卓爾精靈以外的種族都很不客氣。只不過，就算是同族的卓爾精靈，也會因那種邪惡本質而遭殃。

在《龍與地下城》構築的「費倫」世界裡，可於地下世界幽暗地域中見到繁榮的卓爾精靈一族。在這個世界中，由於他們惡名昭彰，母親管教小孩時偶爾會嚇唬他們說：「做壞事會被卓爾精靈帶走喔！」

卓爾精靈在幽暗地域建立城邦。大部分由握有權力的卓爾貴族所統治，都市人口中，有五成至六成是卓爾精靈使喚的奴隸。這些奴隸大多是智能較低的食人魔（➡八十四頁）與米諾陶洛斯（➡二百三十七頁）等亞人種，或是同族中地位較低者。他們是貴族軍隊的成員，被當成用完即丟的士兵。

基本上，卓爾精靈是殘忍且傲慢的享樂主義者，而最容易受其迫害的就是城市裡占絕大比例的奴隸。他們遭到雇主——上流階級的卓爾精靈虐待的情況屢見不鮮。

無論在地上還是地下世界，卓爾貴族大多埋首於同族之間的權力鬥爭，不過當中也有貴族掠奪地上世界將之據為己有，因此他們在地上世界也是惡評連連。

另外，在《龍與地下城》的「密斯塔拉（Mystara）」世界裡，有一種為了在星球內部的空洞世界（Hollow World）生存，而從精靈進化過來的「暗影精靈（Shadow Elf）」。不過，他們是由精靈進化而成的生物，因此與本節介紹的黑暗精靈貌同實異。

《羅德斯島戰記》裡的黑暗精靈

自從《龍與地下城》中與精靈成對的黑暗精靈形象廣為人知後，便有許多作品出現以此為範本的黑暗精靈。

在日本，由於黑暗精靈於一九八八年的暢銷奇幻小說《羅德斯島戰記》中登場，使得他們的存在與形象隨之定型。

《羅德斯島戰記》的舞臺「佛賽列亞」世界裡的黑暗精靈，是有著褐色而非黑色皮膚的精靈。他們是古代諸神鬥爭時，暗黑神法拉利斯從妖精界召喚來作為手下的種族，跟同樣在佛賽列亞生活的精靈沒有直接關係，兩者是不同的種族。

他們擁有與精靈同等或更出眾的能力，或許是身為暗黑神手下的緣故，有著邪惡之心的黑暗精靈非常多。

在《羅德斯島戰記》中，黑暗之島馬莫的黑暗森林裡住著許多黑暗精靈，族長則是統治該島的馬莫帝國裡其中一位掌權者。也許就是這個緣故，不少黑暗精靈以效力於馬莫帝國的優秀士兵之姿登場。其中，效命於馬莫帝國將軍亞修拉姆的女性黑暗精靈比蘿蒂絲，其高度的忠誠心與對亞修拉姆的愛意等形象跟《龍與地下城》裡邪惡的卓爾精靈天差地別，也因此使她成為廣受歡迎的角色，並影響了至今對於黑暗精靈的印象。

另外，小說中的精靈體型纖細，黑暗精靈則擁有性感成熟的外表，女性黑暗精靈的妖豔形象也是由此而生。

持續創造亞人種的《龍與地下城》

《龍與地下城》是一九七四年，由美國遊戲設計師加里·吉蓋克斯（Gary Gygax）與大衛·亞耐森（Dave Arneson）攜手創造的作品。

這項作品不僅是全球第一款桌上RPG遊戲，也確立了「角色扮演（RPG）」這個遊戲類型。對後來發行的RPG遊戲傑作《巫術（Wizardry）》等遊戲製作帶來極大的影響。

《D&D》以《魔戒》的世界觀為藍本，構築了獨特的奇幻世界。除了精靈（➡十四頁）和矮人（➡二十頁）等既有的亞人種外，之後還創造出龍男（➡一百九十頁）和黑暗精靈（➡一百八十四頁）等新種族。

《龍與地下城》的歷史

震撼全球遊戲迷的《D&D》，在一九七七～七八年分成兩個系列發售，一種是適合新手的《Dungeons & Dragons》，另一種則是適合資深玩家的《Advanced Dungeons & Dragons》。

到了一九九四年，兩種版本統合成《Advanced Dungeons & Dragons》系列。大致的發售年代等資料請參考下一頁。

提供數種世界觀

《D&D》發售之初的世界觀並不明確，亦有不少部分得交由構築劇情的遊戲主持人裁決。直到後來發行的RPG遊戲開始強打世界觀設定後，《D&D》才改變型態陸續推出新的世界。

發售至今已過了四十個年頭，《D&D》共創造了十個以上的世界觀，各個世界都存在著不同的亞人種與文化。此外，遊戲還將各個世界定義為平行世界，並加入能夠往來各個世界的設定，繼而形成龐大的《D&D》世界。

直到現在，遊戲的世界仍然持續擴大，想必不久的將來又會有新的亞人種誕生吧！

《龍與地下城》的歷史

1974 年發售 Dungeons & Dragons

- 1977~83 年發售 Dungeons & Dragons Basic Set（第 2~4 版）
- 1991 年發售 Dungeons & Dragons Rules Cyclopedia
- 1994 年發售 Classic Dungeons & Dragons GAME

- 1978 年發售 Advanced Dungeons & Dragons 1st edition
- 1989 年發售 Advanced Dungeons & Dragons 2nd edition
- 2000 年發售 Advanced Dungeons & Dragons 3rd edition
- 2003 年發售 Advanced Dungeons & Dragons V3.5
- 2008 年發售 Advanced Dungeons & Dragons 4th edition

這裡僅介紹基本的規則書，此外還有販售增訂版的規則書。左圖為《冒險者的寶庫》增訂版，收錄各種道具的使用設定與其效果。

什麼是桌上 RPG 遊戲（TRPG）？

就是數名玩家各負責一種角色，並扮演該名角色進行冒險以達成特定目標的桌上遊戲類型。玩家按照固定規則，透過與其他玩家及遊戲主持人（負責決定故事走向與操作敵方角色的人，在《D&D》裡稱為地下城主——「DM」）對話的方式來進行遊戲。

由於玩家要扮演當中的角色，故稱為 RPG 遊戲（Role-playing game），是現代的 RPG 之起源。

《D&D》和《劍之世界 RPG》（➡264 頁），就是當時被視為 RPG 經典而販售的作品。

其自由度之高是一般 RPG 無可比擬的，儘管需要遵守遊戲的固定規則，但光是打開寶箱就有多種方式可以選擇，玩家能自行決定要敲壞或是用魔法攻擊。

這種遊戲至今仍有許多愛好者，也會定期舉辦桌上 RPG 遊戲大會。

成為邪惡爪牙的龍戰士

龍男

【亞人種名】龍男
【拼法】Draconian
【主要出處】《龍槍》
【分布地區】克萊恩

龍男是一九八四年出版的奇幻小說《龍槍》中，有著龍的外形、以雙腳行走的亞人種。在現實世界的傳說裡，是有像羅馬尼亞的龍人茲梅（➡八十頁）那樣的龍形亞人種，不過他們只被當成怪物看待，並不是具有文化與歷史的種族。至於《龍槍》則把他們當成足以匹敵人類和精靈的「種族」，並加入鉅細靡遺的設定。

龍男的生態

《最後歸宿旅店遺聞：龍槍導覽（Leaves from the Inn of the Last Home）》收錄的短篇〈鄧斯坦・范艾爾的手札（The Manuscripts of Dunstan VanEyre）〉，以審問西瓦克龍男俘虜的形式，介紹他們的生態與種族的觀念。

他們有著源自西洋龍的強韌肉體，是服從黑暗之后塔克西絲的戰士。此外，他們按優秀程度分成五個種類，依序是歐瓦克、西瓦克、波札克、卡帕克、巴茲。接受審問的龍男，對歐瓦克龍男抱持敬意與嫉妒，並把其他種族視為劣等種。雖說並非所有人都是如此，可以肯定的是龍男一族存在這種隔閡。

龍男一族只有雄性，他們不懂友情和愛情這類感情。對其他種族極其冷淡，把人類和精靈當成食物看待（據說精靈肉質很硬不好吃）。

全族只有雄性的話，就不免令人好奇他們的繁衍方式。不過，龍男俘虜一聽到有關生育的問題，就會變得相當有攻擊性，並強調他們是由世界誕下的種族。這話聽起來很難理解，可是卻有它的道理在。因為，龍男是用偷來的善龍蛋製造出來的人造種族。他們是塔克西絲做來當成戰力的新亞人種。她以金龍蛋造出歐瓦克龍男，以銀龍蛋造出西瓦克龍男，以青銅龍蛋造出波札克龍男，以紅銅龍蛋造出卡帕克龍男，以黃銅龍蛋造出巴茲龍男。歐瓦克龍男和西瓦克龍男之所以優秀但人數不多，就是因為金龍與銀龍數量稀少的緣故。塔克西絲擔心這些武器若是自行繁殖會越來越無法控制，所以沒有創造雌性。從龍男俘虜的態度可以發現，他們對此抱著可以理解但不想認同的複雜心境。

從龍男死時的異狀亦可看出他們被當成武器對待的事實。他們受到塔克西絲的詛咒，死亡時，身體會石化或是爆炸，就連最後的那一刻也會對敵兵造成傷害。

日製龍人里爾龍人

《龍槍》樹立的龍人形象，於二〇〇八年發售的日製桌上RPG遊戲《劍之世界2.0》中，蛻變成里爾龍人（Lildraken）這支全新的種族。

里爾龍人原本是普通的龍，他們對於《劍之世界2.0》的舞臺「拉庫西亞（Rakusia）」的魔劍很感興趣，為了使用魔劍而進化為人形。他們體格壯碩，身高約二公尺，生有能夠飛行的翅膀，為了讓里爾龍人之名廣為世人所知，他們善用這些優點成為傑出的戰士或格鬥家。不過，魔法方面的素質就不高了。

他們為卵生，同時期產下的蛋會放在專用孵化場培育。因此他們習慣把整個聚落當成一家人。

儘管有著龍的形體，他們在社交上卻很重視跟其他種族的交流。在魔法極度發展的時期，他們也曾因為不會使用魔法而遭受迫害。但是，即使在這種風潮之中，他們也沒有憎恨其他種族，仍積極與異族交流，可說是內心堅強又正直的種族。

由《D&D》衍生的暢銷作品——龍槍

在第一百八十八頁中介紹的《龍與地下城》這套遊戲中，誕生了許多亞人種，一九八四年誕生的奇幻小說《龍槍》系列，便是以遊戲續作《Advanced Dungeons & Dragons》的世界觀為藍本寫成。如今已成為全球銷售量突破五千萬套的人氣系列作品。

《龍槍》的世界——克萊恩

這部作品以「克萊恩」世界為舞臺，其最大的特色正如書名所示，是以「龍」為故事的核心。小說的世界裡盤據著數種善龍與惡龍，連創造神都可以變身為龍。

龍的種類依善與惡各可分為五種，善龍冠上金、銀、青銅、紅銅、黃銅等礦物名稱，惡龍則以紅、藍、綠、黑、白等顏色作為種族名，名稱越前面的龍力量越強。

《龍槍》第一部小說的內容，講述混血精靈戰士坦尼斯與法師雷斯林等冒險者們，攜手對抗企圖征服世界的黑暗之后塔克西絲率領的軍隊。

續作則以他們的子女為主角。能夠享受跨越世代的冒險動作情節，亦是這部作品的魅力之一。

愛上人類的龍

這個世界的龍可以使用魔力，變身成人類或精靈的模樣。

當中有段關於這項設定的小插曲。有偉大騎士之稱的修瑪，愛上了變身為妙齡女子的雌銀龍，並順利擄獲她的芳心。女子不惜放棄龍的力量也要跟隨在修瑪身邊，只可惜兩人最後並未結合。假如他們有了愛的結晶，或許就能誕生出「混血龍」這個亞人種吧！

棲息在溼地的爬蟲類型亞人種

蜥蜴民

【亞人種名】蜥蜴民
【拼法】Lizard folk
【主要出處】《龍與地下城》
【分布地區】沼澤、溼地等地

蜥蜴民是《龍與地下城》中，外形如蜥蜴、以雙腳行走的亞人種。粗略來說，就是《D&D》版的蜥蜴人。

那麼，蜥蜴人是什麼樣的傢伙呢？

他們是一種怪物，外表猶如會走路的蜥蜴，因此在RPG遊戲裡通常設定為敵對種族。蜥蜴人只具備使用劍與盾牌的智能，是很強悍的戰士。若設定成智能較高的種族，個性則大多如沉默寡言又文雅的武士，為一流戰士輩出、以武力見長的種族。此外，無論智能高低，兩者都繼承變溫動物的特質，很怕低溫。

蜥蜴人的形象大致如上述說明，但是並沒有很明確的定義。而且，也不清楚這種形象是何時以及如何確立的。因此，蜥蜴人的設定隨作品有很大的差異。本節就以印象最普通的蜥蜴民作為蜥蜴人的代表來為各位介紹。

棲息在溼地的蜥蜴人

蜥蜴民是一支身上被覆鱗片、有著粗長尾巴並長著尖牙的壯型爬蟲類亞人種。身高約二公尺，利用長約一公尺的尾巴保持平衡行走。他們很擅長游泳，能夠潛水十分鐘以上。在《龍與地下城》第四版中，他們是棲息在溼地，以狩獵野生動物維生的原始種族。部分冷酷且殘忍的蜥蜴民除了動物外，還會殺害其他亞人種來食用。

蜥蜴民具排他性，如果有人闖進自己的地盤，就會將之驅趕或殺害。不過，他們也會請信賴的種族幫忙仲介，進行以物易物的小型交易。

他們為卵生種族，出生後約二年就算成年。蜥蜴民會將整個部族的蛋集中起來孵化，所以他們並沒有所謂的親子觀念。另外，即使是同一個聚落出生，鱗片顏色也大不相同，特徵則隨顏色有些許差異。一般而言，數量較多的是綠色的綠鱗蜥蜴民。黑色鱗片的則稱為黑鱗蜥蜴民，他們力量強大，是負責保護族長的護衛戰士，只不過他們智能較低且個性粗暴。順帶一提，在近年來的創作中，蜥蜴民（蜥蜴人）大多設定成「左撇子」。不曉得這項設定出自何處，不過在《龍與地下城》的插畫裡，確實可以發現左手拿著武器的蜥蜴人。

火炬港的蜥蜴民

《打造你的城市——火炬港》一書介紹了《龍與地下城》第三、五版的日本原創世界，當中詳細解說了棲息在沼澤地的蜥蜴民聚落。

他們把法岡德大陸赫夫庭地區的沼澤地及其周圍當成自己的地盤，襲擊偏離幹道的商隊搶奪財物，是一支危險的種族。

不過，他們遵守自己的原則，不攻擊婦孺等非戰鬥人員，也不過度劫掠，由此可知他們並非智能較低的蠻族。

他們的聚落裡有塊埋著巨大恐龍頭骨的聖地，稱為大祖靈之丘，部族要做任何決定時一定會在那裡集合。此外，那裡也是不准非蜥蜴人踏入的土地，曾有一名商人將聖地的消息帶回人類的城市，結果竟離奇死亡。

類恐龍人

即便在科學萬能的現代社會，仍舊有「如果……」這類假設存在。其中特別有名的，就是人形爬蟲類的一種——類恐龍人（Dinosauroid）。

所謂的類恐龍人，就是以「如果恐龍沒有滅亡」為前提，假設恐龍進化成以雙腳行走的類人形態。

這項假設是一九八二年，由加拿大地質學家暨古生物學家戴爾・羅素（Dale Russell）提出的。

蜥蜴人同樣是人形爬蟲類，儘管一個住在奇幻世界，一個住在科學世界，兩者仍可說是相近的存在。

下圖是以恐龍當中智能較高的鋸齒龍為基礎做出來的模型，看起來就像是沒有鱗片的蜥蜴人，除了臉部和手指數量外，其他部分都跟人類很相近。

哆啦A夢裡的恐龍人

有部知名動畫採用了類恐龍人的假設。

那就是一九八七年上映，改編自藤子・F・不二雄作品的動畫電影《哆啦A夢：大雄與龍騎士》。

在這部作品中，地球內部的大空洞裡，還殘存著六五〇〇萬年前的恐龍。倖存的恐龍進化成恐龍人，他們的模樣相當神似類恐龍人。恐龍人擁有近似船之類的工具，可在地底移動，他們的科技比地上世界還要進步。

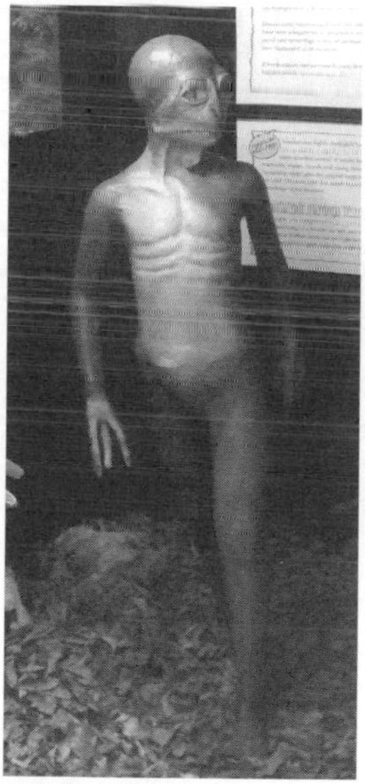

類恐龍人的模型。身體為人，臉部則是爬蟲類。

結黨發動攻擊的犬形亞人種

柯伯德

【亞人種名】柯伯德
【拼法】Kobald
【主要出處】德國民間傳說
【分布地區】德國、北歐等地

柯伯德是一支體型比人類矮小、有著狗頭模樣的亞人種。

在奇幻作品中，這種怪物雖然個體力量弱小，卻會利用小花招或集體行動來攻擊獵物。也就是RPG遊戲裡初期的「練功怪物」。在這點上，他們和哥布林（➡一百五十六頁）可說是相似的存在。

不過，他們並非從一開始就是這樣的種族。柯伯德原本是住在礦山或房屋裡，喜歡惡作劇的一種妖精。

德國妖精柯伯德

在德國、丹麥、瑞典等東歐至北歐地區的民間傳說裡，妖精柯伯德是身高約六十公分，皮膚為深綠色或灰色的小矮人。雖然雙腳和尾巴上都有毛，光憑這兩點很難判斷他們是否具備狗的特徵。

住在礦山的柯伯德，有時會幫助在危險場所工作的礦工，可說是一種善良的妖精。如果遇到中意的人類，就會引導對方前去礦脈豐富的地方。

不過，他們也會惡作劇，把千辛萬苦挖出來的貴重礦石掉調包成無用的礦石。其中外觀如銀般閃閃發亮、實際上卻相當不易利用的礦石就稱為「鈷（Cobalt）」，意指被柯伯德調包的礦石。如今冶金技術進步，鈷已經變成全世界都需要的貴重原料，也許當時柯伯德是好意調換過來的吧！

住在房屋裡的柯伯德，則會偷偷造訪人類家，在牛奶裡加入牛糞惡作劇。若是喝下摻了牛糞的牛奶，還能原諒他們的惡作劇，柯伯德就會在這個家住下來。之後只要每天忍受惡作劇、並提供柯伯德食物，他們就會在夜晚幫忙做好未完成的工作。不過，若是怠慢柯伯德，他們可會狠狠報復，然後消失無蹤。

《龍與地下城》裡的柯伯德

妖精柯伯德是在一九七四年於美國發售的《龍與地下城》中變成怪物的。名稱也是採用英語讀法。他們的臉有如嘴巴細長的小恐龍，身體被覆著鱗片。身高六十公分，體重二十公斤左右，跟妖精柯伯德一樣都是嬌小的種族。一張開嘴巴，就會發出狗一般的尖銳吠聲。

柯伯德生性膽小，卻很喜歡欺負弱者，個性非常不討喜。他們的地盤裡設有陷阱，靠近時要小心。再加上設置陷阱就像是他們每天的例行公事，因此陷阱數量十分龐大。

萬一中了陷阱無法動彈，那就只能等死了。因為他們很討厭人形生物，也喜歡食用有智慧的生物。

柯伯德的戰鬥力薄弱，不過他們之中偶會出現「龍祭司」這種領袖般的存在。柯伯德信仰龍，有時會誕生出能夠使用龍之力的龍祭司。他們強得不像柯伯德，甚至能像真正的龍那般使出噴吐攻擊。

如此看來，《龍與地下城》裡的柯伯德是爬蟲類，跟狗扯不上關係。

但是，這款作品在說明柯伯德的細長臉部時用了「像狗一樣」的形容詞，才會促成犬形柯伯德的誕生。

日本的柯伯德

柯伯德因《D&D》而提高了知名度，後來由於「像狗一樣」的描寫被過度強調，使得「像毛茸茸的狗、用雙腳行走的亞人種」形象逐漸一般化。

暢銷電子ＲＰＧ遊戲《巫術》將柯伯德設定成犬形亞人種亦是一項助因，最後這個形象就在各種以奇幻世界為題材的小說及遊戲裡定了下來。近年來，柯伯德也在日系RPG遊戲的代表作《Final Fantasy》系列中登場。遊戲中的柯伯德有著像狗一樣的獠牙，總是阻擋在玩家的面前。

深澤美潮於一九九〇年出版的奇幻小說《Fortune Quest》，第二～三集的插曲〈忘卻村的忘卻湯〉中就有犬形柯伯德的插圖。

《Fortune Quest》裡的柯伯德可能是承襲了《龍與地下城》的設定，他們穿著管家般的服裝，服侍力量強大的黑龍。他們心地善良，仰慕主人黑龍，個性方面不像《D&D》版的柯伯德。

在這段插曲的尾聲，可以看到他們為了想玩桌遊卻沒有玩伴的主人，特意詢問主人桌上RPG遊戲的玩法，並表現出想與之一起玩遊戲的情景。之所以會誕生出這種柯伯德，原因或許跟日本人把狗當成重要的家人這樣的觀念有關吧！

背生翅膀能夠飛行的亞人種

有翼人

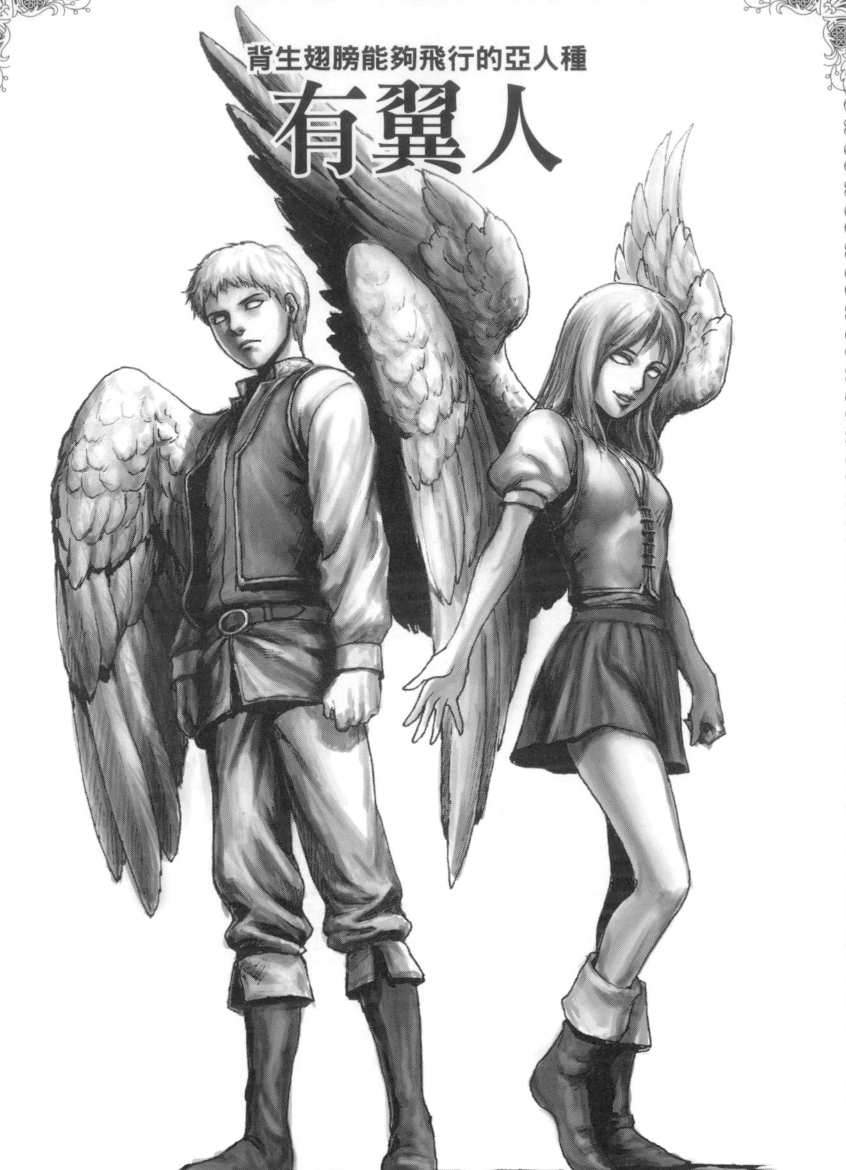

【亞人種名】有翼人
【拼法】-
【主要出處】《山海經》、《黑暗大陸》、《龍與地下城》等
【分布地區】中國、烏干達等地

有翼人是指背上有翅膀，能在空中自在飛翔的亞人種。形象跟日本的天狗（➡一百一十頁）很相近。本節僅介紹歸類為「生物」的有翼亞人種。至於有翼種族裡最出名的「天使」請參照第兩百零五頁的專欄。

中國的地理誌《山海經》（➡一百二十九頁）介紹過背上生有翅膀的人類所居住的國度——羽民國，這是目前關於有翼人種的最早記錄。但是有關的生活型態則不明。

到了近代，一八七一年，探險家亨利・莫頓・史丹利（Henry Morton Stanley）於《黑暗大陸（Through the Dark Continent）》一書中，記載了能飛天的烏干達人「奇巴格（Kibaga）」的傳說。

奇巴格是效力於那奇溫奇王（Nakivingi）的優秀戰士，背上生有翅膀能夠飛行，他總是從空中丟下石頭，打倒許多敵對的汪紐羅（Wanyoro）族人。若是遇到無法丟擲石塊的情況，他就從空中偵察敵情，使戰況對己方有利。至於汪紐羅族，他們沒想到竟然有人能飛上天空，因此對上奇巴格總是每戰必敗。

某天，奇巴格抓到幾名汪紐羅族人，對其中一名女性一見鍾情，想娶她為妻。那奇溫奇王答應他的請求，不過對方畢竟是敵對部族的女性，國王也提醒他別讓對方知道自己能飛的祕密。

然而國王的忠告並未發揮作用，妻子知道了奇巴格的祕密，並偷偷告訴汪紐羅族。於是汪紐羅族每次打仗，就算看不到人影也會朝頭上射箭。結果奇巴格被他們的攻擊射落，掉在樹上，事後那奇溫奇王才找到他的屍體。

有翼人拉普特朗

背上有翅膀的種族外觀看起來十分優雅，因此不少創作都會看到他們的身影。在一九七四年發售的桌上RPG遊戲《龍與地下城》裡，就可見到拉普特朗（Raptoran）這支有翼亞人種。他們與風之次元界的統治者訂立契約，得到美麗的翅膀與飛行能力。

拉普特朗看起來就像是生有翅膀的人類，身高和體重都跟人類差不多。頭上長著取代毛髮的羽毛。女性的脖子和耳朵裡面也有羽毛，美麗的姿態總是令拉普特朗族的男性迷戀不已。

翅膀長約三公尺多，非常巨大，平時都會收起來以免礙事。另外，他們可以維持張開翅膀的姿勢，所以能夠長時間滑翔。腳趾生有鉤爪，抓握力跟鳥類一樣強勁。

他們為卵生種族，成年後通常會跟同年的女性結婚生子。婚姻為每年更新制，只要雙方都不滿意，第二年就可以跟其他人結婚。在這種習俗的影響下，同部族的族人結婚時期是固定的，因此他們也常舉行團體婚禮。

日本的有翼人

在日本的創作世界裡，亦有不少作品出現有翼人的身影。其中格外有名的，就是在一九九〇年發售的《勇者鬥惡龍Ⅳ　被引導的人們》中登場的天空人。他們住在飄浮於空中的天空城，如果沒有翅膀就無法生活了吧！其他還有一九九三年發售的《Breath of Fire　龍戰士》裡的飛翼人妮娜，她也有變身成巨鳥的能力。另外，同一年發售的《皇家騎士團》裡的卡諾普斯也是有翼人，他們是一支體格壯碩的戰鬥種族，有別於一般印象中身材細瘦以便飛行的有翼人。

有翼人種的起源——天使

說起背上生有翅膀的人種，大多數人最先想到的應該是天使吧！

他們是神的使者、神靈般的存在，並不是生物，所以本書並未將他們納入正文裡詳加介紹，但在談論有翼人種的話題時，他們仍是不可或缺的重要存在。

話說回來，在聖經或舊約聖經等有關天使的資料裡，皆看不到我們印象中的「有翼天使」。他們是何時開始有翅膀呢？而翅膀又有什麼用途呢？

天使的翅膀

在《圖說天使百科事典（The Encyclopedia of Angels）》一書中提到，近似神祇的存在並不需要翅膀。

舉例來說，在東方無論是神或天女，即使沒有翅膀他們也能在空中自由飛翔。

那麼，天使的翅膀究竟有什麼用途？

自古以來，人們習慣為神靈之類的存在加上翅膀，這點後來在西洋文化中有了很大的發展。翅膀成為一種象徵，用來表示天使是得以往來神界與凡間的超自然存在，到了西元第四～六世紀，藝術家就將這項元素融入作品當中。於是，我們印象中的「有翼天使」才會廣為人眾所知。

法國畫家威廉・阿道夫・布格羅的畫作，以歌唱的天使為主題。由於藝術家們追求這般完美的天使形象，才樹立了現今我們對天使的印象。

身體由蔬菜構成的地底居民

滿卡布人

【亞人種名】滿卡布人
【拼法】Mangaboo
【主要出處】《綠野仙蹤》系列
【分布地區】滿卡布王國

滿卡布人是綠野仙蹤系列第四集《桃樂絲與奧茲魔法師》中的角色，為創作世界裡的亞人種。他們在地底深處建立自己的國家，有著獨特的生態與原則。

外表看起來跟人類沒什麼不同，絕大多數的滿卡布人都有張漂亮的臉蛋。但是，他們的臉上鮮少流露感情，故事主角桃樂絲還用「漂亮的洋娃娃」來形容他們。

全由蔬菜構成的身體

滿卡布人是身體由蔬菜構成的蔬菜人。他們的身體內部就跟蕪菁或馬鈴薯一樣，沒有骨頭和血液。穿的衣服也很像植物的葉片，充滿魅力的綠色衣服貼合身體，尺寸也會隨著生長而改變。

根據《桃樂絲與奧茲魔法師》中，桃樂絲等人遇見的滿卡布王國統治者的說法，他們的身體裡面很結實，所以不需要攝取食物，甚至不需要睡眠。此外，沒有心臟也沒有血液的滿卡布人個性相當冷酷。

說起滿卡布人，就一定得了解他們從出生到死亡的一生。他們出生在王國種植場裡的矮樹叢上。起初是花蕾或花朵的形體，之後逐漸成長為嬰兒、兒童、大人。不過，由於這段期間腳底長著莖，所以無法隨意移動。

等完全長大、從樹叢摘下來後，他們才能活動與說話。之後的壽命每個人都不同，但只要保持適度的潮溼，平均可以活五年左右。

到了人生的尾聲時，他們會在枯萎前把身體種回田裡。這樣一來，那裡就會長出新的滿卡布人，誕生下一個世代。另外，以這種方式出生的滿卡布人，會繼承上一位滿卡布人的特色。比方說，擅長魔法的家系，下一代的滿卡布人也會擅長魔法，而上一代長壽的話下一代也會長壽。

不過，並不是所有的滿卡布人都能壽終正寢。除了意外事故，有時也會發生身體如馬鈴薯般發芽的情況，如果遇到這種情形，即使身體健康也得立刻種進土裡才行。不用說，這名滿卡布人的一生就在土裡結束了，對他們而言這是非常不幸的事情。

滿卡布人居住的地底王國

滿卡布人在地底深處建立了自己的王國。雖說是地底，這個國家卻有太陽，散發白色、玫瑰色、紫色、黃色、藍色、橙色等六色光芒，照亮整個國家。

此外還有項特色，就是這國家的建築物、家具乃至生活用品，所有的東西都是用玻璃製成的。而且還不是人工製造，全是自然長出來的。

不過缺點是，這些建築物要經過很長的歲月才能建好，就算壞了也沒辦法修理。萬一損壞了，又得花很長的時間等它自己修復。

管理這個國家的，是統治王國好幾世代的滿卡布皇家，當代的統治者會在額頭上戴著星星。等下一任統治者長大後，現任統治者就得讓出那顆星星。桃樂絲遇到的王子便是如此，當時的女王就是不肯把星星摘下來，盡可能延長自己在位的時間。

有著蔬菜身體的亞人種

除了前面介紹的滿卡布人外，綠野仙蹤系列第二集《堤普歷險記》裡，有個腦袋為南瓜，身體為樹木的蔬菜人「南瓜頭傑克」。除了傑克之外，創作世界裡還有不少作品出現身體的一部分是蔬菜的亞人種。以下為各位介紹幾種這類型的亞人種。

金斯萊筆下的蔬菜人

英國作家查爾斯・金斯萊（Charles Kingsley）於一八六三年出版的《水之子（The Water-Babies）》裡，可以看到頭部為蔬菜的人種。

他們住在托姆托迪島（Isle of Tomtoddies）上，據說這座島就是斯威夫特（Jonathan Swift）的《格列佛遊記》中，飛行島拉普塔（Laputa）後來的模樣。

拉普塔人埋首於壯大卻愚蠢的計畫，或是根本不重要的科學研究。他們累積無用的知識使頭腦肥大化，最後頭部就變成蘿蔔或蕪菁這種根菜類。

他們害怕考試，總是在念書。然而，考卷上淨是些非常愚蠢的題目，用功過度的話大腦還會流出水來，最後便會乾枯而死。

住在沙拉國的蔬菜人

Hudson 公司於一九八四年發售的冒險類電腦遊戲《沙拉國的蕃茄公主》中，就出現了蔬菜亞人種。他們居住的洋蔥國，全體國民都是有著蔬菜頭的人形亞人種。

玩家在遊戲裡遇到的蔬菜人，一旦乾燥就會枯萎沒有精神，充滿濃濃的植物特色。登場人物的名字也都跟外表如出一轍，例如小黃瓜戰士、南瓜大王、柿八等等。

活躍於《綠野仙蹤》的亞人種

《綠野仙蹤》裡除了少女桃樂絲的旅行夥伴外，還出現許多獨具特色的人物。接下來就為各位介紹幾名故事裡的亞人。

稻草人

他是桃樂絲在旅途中遇到的、由稻草和木頭組成的活稻草人。頭部是裝滿稻草的小布袋，上面畫了眼睛和鼻子，還戴著老舊的尖頂藍帽。表情豐富，也能用沙啞的聲音說話。他的身體也是用稻草綁成的。根據稻草人的說法，這個身體完全不會感到疼痛。

沒有頭腦的他渴望知識，因此跟著桃樂絲去旅行，想請奧茲巫師給他頭腦。

沒想到，奧茲其實是個不會使用魔法的普通人，他的願望終究無法實現。奧茲告訴他，有了旅行累積的經驗與智慧就不需要頭腦了，但稻草人還是不滿意，於是奧茲就給了他用珠針與別針混合而成的頭腦。

另外，奧茲離開時，把之前統治的翡翠城託付給稻草人。後來稻草人也常在綠野仙蹤系列登場，並有活躍的表現。

鐵錫樵夫

鐵錫樵夫人如其名，是個全身都用錫製成的樵夫。跟想要頭腦的稻草人一樣，他也想要一顆心臟，於是跟著桃樂絲他們去旅行。

他原本是住在森林裡的普通樵夫，跟一位美女有過婚約。然而，跟女孩一起生活的老婦人不答應這樁婚事，拜託東方的邪惡女巫阻止他們結婚。於是，邪惡女巫就用魔法讓他在工作時被自己的斧頭砍斷左腳。

樵夫用錫製作新的左腳解決了問題，沒想到卻觸怒了女巫。她用相同的方法陸續使他砍斷自己的右腳、雙手，不過樵夫都用錫製作失去的部位。

最後樵夫連頭、軀體都被切斷，所幸剛好路過的錫匠救了他，於是他的全身都變成了錫。

雖然身體變得堅固無比，卻也因此失去了心臟，樵夫失去了愛人的心。為了再度愛上未婚妻，所以他希望能得到心臟。

後來他見了奧茲，得到用絲布製成、裡面塞滿木屑的漂亮心臟。並且在第十二集《奧茲國的鐵錫樵夫（The Tin Woodman of Oz）》中，啟程尋找過去的情人。

芒奇金人

芒奇金人是指《綠野仙蹤》中，住在桃樂絲誤闖的芒奇金之地的小矮人。他們的模樣近似人類，但身體比成年人小，身高跟少女桃樂絲差不多。

他們的特色就是文化跟人類非常相似，是難得有自己的國家與文化的小矮人。此外，芒奇金人也在後來的故事裡登場，是談論綠野仙蹤系列時不可不提的登場人物。

芒奇金人的插圖

扁頭人

扁頭人是阻擋桃樂絲一行人的去路，有著扁平大頭顱的人形亞人種。他們又矮又壯，沒有雙手，滿布皺紋的脖子支撐著頗具特色的頭顱。桃樂絲見到他們時，以「長得再奇怪不過的人」來形容。

儘管外貌如此奇特，他們卻能伸長脖子，如閃電般彈出頭顱，用扁平的頭頂撞擊目標。此外，他們登場時數量多達幾百人，害得桃樂絲一行人不知如何是好。

近未來的亞人種

亞人種並非專屬於奇幻世界的人種。以未來世界為題材的作品中也有亞人種存在。具代表性的例子就是喬治・盧卡斯（George Lucas）執導的宇宙史詩鉅片《星際大戰》，當中有不少歸類為外星人的亞人種。以下就為各位介紹，生存在未來世界裡的亞種人。

依娃族（Ewoks）

住在森林衛星恩多星（Endor）的原始生物。身高約一公尺，用雙腳行走，全身毛茸茸。依娃族大多天真又老實，相信守護神寄宿在巨木上。他們以此為信仰在樹上形成聚落，好幾個部族生活在一起。

著名的依娃族人，有領導明樹村（Bright Tree Village）的查酋長（Chirpa），以及巫師兼藥師的老神通（Logray）。

武技族（Wookiee）

武技族是卡西克星（Kashyyyk）上，全身覆滿毛髮、用雙腳行走的原棲生物。他們在巨大的羅舒亞樹（Wroshyr Trees）上建立城市生活。平均身高超過二公尺，壽命是人類的數倍。

代表有韓蘇羅（Han Solo）的搭檔、太空船的副駕駛——楚霸客（Chewbacca）。他原本是帝國軍的奴隸，後來跟救了他一命的蘇羅締結深厚情誼。

赫特族（Hutt）

瓦爾星（Varl）出身，宛如大蛞蝓的雌雄同體亞人種。從前因災害而逃離故鄉，現在移居到有「璀璨寶石」之意的諾哈塔（Nal Hutta）。

體型肥大滿身贅肉，手很短，還有用來取代腳的尾巴。能夠一口吞掉食物的大嘴也是他們的特色。

著名的赫特族人，有醜怪犯罪王賈霸（Jabba the Hutt）。他統治廣大的犯罪帝國，在杳無人煙的沙漠宮殿過著自在的生活。

亞人種小事典

Encyclopedia of Demi-humans

小事典的閱讀方式

小事典收錄的是未能在前面介紹的亞人種，以及現今被視為亞人種的精靈和怪物。

在此先說明兩種小事典的內容，以及資料欄的閱讀方式。

資料欄的閱讀方式

收錄在「亞人種小事典」的兩種小事典，係以下列方式標示亞人種的名稱、拼法、出處等資料。

艾格姆哈布
Aigmuxab

亞人種名：
亞人種及亞人的名字。基本上採用廣為一般人所知的名稱，或是直接音譯。

拼法：
僅神話與傳說中的亞人種小事典會標示拼法。拼法與名稱一樣，選擇廣為人知的版本。

出處資料：
創作世界裡的亞人種事典，是以出處資料取代拼法。

兩種小事典與內容

神話與傳說中的亞人種小事典

神話與傳說中的亞人種小事典，主要介紹希臘神話、北歐神話以及民間傳說裡的亞人種。

除了前面四大章未提及的亞人種外，也會介紹符合亞人條件的精怪或怪物。

像拉彌亞或阿拉克妮這類個體數量少到不足以稱為種族，但在創作上被視為種族的存在也會優先介紹。

創作世界裡的亞人種小事典

此小事典介紹近代奇幻作品創造的新世代亞人種。主要是從創造許多亞人種的《龍與地下城》和《劍之世界2.0》裡，選出令人感興趣的種族。

需要注意的是，當中也有像拉彌亞這種，在此小事典與「神話與傳說中的亞人種小事典」裡皆有介紹的情況。

另外，亞人種按原文英文字母順序排列。

神話與傳說中的亞人種小事典

本小事典從世界各地的神話與傳說挑選出
80 種以上的亞人種，
按原文英文字母依序介紹。
另外，原始名稱包含漢字的亞人種，
則以原始讀音為基準排列順序。

阿布加爾
Abgal

他們是生活在美索不達米亞南部（今伊拉克附近）的蘇美人神話裡的七名神靈。為半人半魚的國土守護靈。亦有記述提到他們曾服侍古蘇美國王，擔任國王的顧問。另外，隨著時代演進，人們也改稱他們為「Apkallu」或「Amphitrites」。

其起源可追溯至智慧之神恩奇（Enki）的親信阿布茲（abzu 或 abyss），他們是恩奇的導師。白天斷食並在地上傳授科學與藝術，到了夜晚就回到水中。

埃特內
Aeternae

這是西元前四世紀，有人在印度北部目擊到的獸人。額頭上長有如鋸子般的鋸齒狀骨頭。

據說他們棲息在平原上，戰鬥時就用角一般的突起物作為武器。

在西元前四世紀統治歐洲一帶以及中東、埃及等地的亞歷山大大帝，其手下的士兵聽說也曾跟埃特內交戰過。不過，那些士兵愚蠢地觸怒了埃特內，最後全遭到殺害。

艾格姆哈布
Aigmuxab

這是一種出現在非洲南部科伊桑族（Khoisan）神話裡的食人怪物。棲息在占非洲南部國家「波扎那（Botswana）」約七〇％面積的喀拉哈里沙漠中的沙丘。

這種怪物雖然頗像人類，卻比人類巨大，還有著尖銳的牙齒，此外還有一大特色，就是眼睛長在腳背或腳跟上。由於「眼睛長在腳上」，使得艾格姆哈布若想知道自己走在何處，就得停下來抬起腳確認才行。

艾格姆哈布一旦發現人類獵物，就會追上去抓起來，再撕裂食用。不過，他們也很常被獵物欺騙而讓對方逃走。聽說曾有一隻機靈的胡狼用特別的方法逃出怪物的手掌心。

故事內容大致如下：胡狼在遭到追趕時把菸灰撒在地上，艾格姆哈布的腳沾到菸灰刺激了眼睛，因而看不見四周的景物，也就沒辦法繼續追趕胡狼了。

差一點就被抓到的胡狼成功逃脫後，看到艾格姆哈布的蠢樣忍不住大笑。

阿爾
Al

在非洲北部國家利比亞，這種半人半獸的亞人被視為超自然的存在或是可怕的惡魔。

他們的眼睛閃爍紅光，跟人類一樣用雙手拿著鐵剪刀。阿爾會利用這種尖銳的凶器，捕食闖入荒野的人類。

比起男性，阿爾更喜歡女性獵物。而且他們特別喜歡攻擊「即將臨盆的孕婦」。

阿爾柯諾斯特&西琳
Alkonost & Sirin

阿爾柯諾斯特是俄羅斯民間傳說裡的亞人種族。上半身為人類女性，下半身是巨鳥。她們是冥府的居民之一，以恐怖的歌聲讓墮入地獄的靈魂永遠痛苦。

西琳則是阿爾柯諾斯特的搭檔，她們是有著亮色羽毛的鳥，頭部則為美麗的女性。她們只為真正受到祝福的人獻唱，讓這些人忘卻一切。

亞納人
Anakim

出現在基督教與猶太教聖典《舊約聖經》裡的巨人。他們住在希伯崙（Hebron）的山谷，令準備移居應許之地的希伯來人（猶太人）相當害怕。另外，舊約聖經中的《申命記》與《民數記》亦提到，亞納人曾攻擊以色列部族和埃及人。

十三世紀法國修道士聖雪爾的修（Hugh of Saint Cher），在著作全集中說明亞納人是從希伯崙的山谷來到埃及的巨人。

亞納葉
Anaye

他們是美國西南部原住民納瓦霍族（Navajo）傳說裡的怪物集團。可分成沒有手腳的畢納葉・阿哈尼（Binaye Ahani）雙胞胎、沒有頭的特傑斯（Theelgeth）和生有羽毛的扎那哈雷（Tshanahale）等四種類型，不過這四種怪物都沒有名字，只知道他們會用毛皮蓋住身體並靠在沙漠岩石上，吃掉粗心大意的旅行者。

傳說這些怪物是使世界產生恐懼、惡意、苦痛的原因，而亞納葉的兄弟則是使人痛苦的寒冷、飢餓、衰老與貧窮。

反腿人
Antipoces

反腿人是一種外表近似人類的怪物人種，膝蓋以下的部分朝向正後方。亦即小腿和腳尖朝向背後。

古羅馬博物學家老普林尼在《博物誌》中提到，喜馬拉雅山脈溪谷的亞霸利蒙地區棲息著十分類似的怪物人種，只不過沒有寫出名稱。

該書提到這種小腿反折的怪物人種奔跑速度與外表不符地快，還會跟野獸一起在國內各地徘徊。

亞波塔尼
Apotharni

德國人文學家孔拉德・琉科斯尼斯（Conrad Lycosthenes），於一五五七年出版了《怪象與徵兆記事（Prodigiorum ac ostentorum chronicon）》。這本書是介紹自然現象、地理、民族與動物等各種領域的圖鑑，當中有提及亞波塔尼這種生物。

亞波塔尼是棲息在溼地的半人半馬怪物，除了男性外，也有女性的亞波塔尼。

另外，琉科斯尼斯也在該書提到，女性亞波塔尼沒有頭髮，下巴生有鬍子般的毛髮。

阿拉克妮
Arachn

希臘神話中，西亞與歐洲之間的安那托利亞半島（Anatolia，小亞細亞）上有個叫利底亞（Lydia）的地方，城裡住著一位非常擅長織布的少女——阿拉克妮。

她對紡織手藝相當有自信，還向眾人誇口說：「就算跟雅典娜女神比賽，我的手藝也不會輸給她。」

戰爭與技藝的女神雅典娜聞言非常生氣，於是跟阿拉克妮比賽織布。有一說，當時阿拉克妮織出的布美得無可挑剔，雅典娜十分嫉妒而割破了那塊布。

雅典娜的行為令阿拉克妮大受打擊，最後便上吊自殺了。雅典娜女神很同情阿拉克妮，於是把她變成蜘蛛繼續活下去。另一種版本則說，雅典娜贏了織布比賽，所以才懲罰阿拉克妮把她變成蜘蛛。

還有一種說法是，阿拉克妮與弟弟帕蘭克斯（Phalanx）亂倫，為了懲罰兩人，才把阿拉克妮變成蜘蛛，弟弟則變成蛾。

此外，現在的阿拉克妮形象大多被描寫成上半身為女性，下半身為蜘蛛。一般認為是因為在但丁的《神曲・煉獄篇》中，但丁於地獄見到下半身變成蜘蛛的阿拉克妮後畫了石版畫，才使這個形象定了下來。

亞雷琵埃
Arepyiai

這是希臘羅馬神話裡半人半鳥的亞人種，為哈碧（⬇七十六頁）的別名。

卡洛・羅茲在著作《全球怪物・神獸事典》中提到，哈碧與亞雷琵埃除了名稱不同外，還有不一樣的特色。

哈碧（希臘語稱為哈碧亞）為「移動」、「搶奪」的意思，至於亞雷琵埃則為「切割者」、「切裂者」的意思，比起哈碧還要凶暴。

獨眼人
Arimaspi

《博物誌》（⬇一百三十七頁）裡介紹的獨眼種族。關於他們的居住地區眾說紛紜，較有可能的看法是東歐、黑海北方的烏克蘭、俄羅斯西部、分隔歐亞大陸的烏拉山脈（Ural）等地。

獨眼人是一支非常貪婪的民族。《博物誌》裡有一則展現其貪婪本性的故事，內容提到獨眼人為了採掘礦山裡的黃金，而與保護礦山的希臘神話怪物獅鷲大打出手。

昂葉納
Aunyaina

這是南美洲巴西的圖帕里族（Tupari）所流傳的巨大類人怪物。豬一般的獠牙突出於臉龐，並把人類當成獵物捕捉。

昂葉納大多瞄準獨自走在村外或森林裡的小孩，用突出臉龐的獠牙刺死獵物。

根據傳說，某天昂葉納追逐逃跑的小孩爬到樹上，見到這一幕的鸚鵡便出手妨礙，使他摔下樹去。昂葉納撞上地面摔得粉碎，而破碎的身體則誕生出各式各樣的爬蟲類。

巴風特
Baphomet

據說是中世紀歐洲的聖殿騎士團所崇拜的人形惡魔。以黑山羊頭配上女性軀體的模樣聞名。這個形象源自於西元十九世紀的巫師「艾利馮斯・李維（Eliphas Levi）」所繪的「安息日之羊（Sabbatic Goat）」。

至於名稱的由來，目前較可信的說法是源自伊斯蘭教的創始者穆罕默德。

西元十四世紀初，為使在歐洲各地握有權力的聖殿騎士團瓦解，於是對他們進行異端審判。當時他們遭控訴的罪狀之一就是崇拜惡魔，崇拜的對象則是不曾在任何傳說裡登場的惡魔巴風特。這即是巴風特首次出現的紀錄。

部分被捕入獄的聖殿騎士團員，在偵查過程中坦承崇拜巴風特。此外，證詞中還有提到巴風特的外貌等資料，不過可信度很低。原因在於，現代認為審判提出的種種罪狀，其實是當時的法國國王為取得聖殿騎士團的財產而捏造的，騎士團員自然說不出自己並未崇拜的惡魔長什麼樣子。

教宗驢／僧侶小牛
Bapstesel／Munchkalbs

教宗驢和僧侶小牛，是十六世紀歐洲進行宗教改革時，德國神學家馬丁・路德，以及基督教神學家菲利浦・墨蘭頓（Philipp Melanchthon）執筆的附圖小冊子裡所介紹的兩隻怪物。

一四九六年，有人在流經羅馬的臺伯河（Tevere）發現教宗驢的屍體。全身被覆鱗片，頭部為驢，腰部長著人類和西洋龍的頭顱，腳為驢和獅鷲，整個身體由數種怪物組合而成，模樣十分詭異。

僧侶小牛則是一五二二年十二月八日，誕生於德國佛萊堡（Freiburg）的怪物。他有著人類嬰兒的臉龐，身體卻跟名稱一樣宛如小牛，鬆弛的皮膚也是一大特徵。

從結論來說，這些人形怪物應該是宗教改革的創始者馬丁・路德和菲利浦・墨蘭頓的創作產物。這兩人對於教宗與僧侶干預聖經的解釋而造成曲解的結果持否定的態度。但他們無法直接表達自己的主張，才會創造這種怪物，作為對舊教教會提出質疑的一種宣傳（將輿論的意識或思想誘導至特定事物上）手法。

主教魚
Bishop Fish

這是一種主要出現在中古歐洲傳說裡的海中怪物，外形為巨大的魚類（或魷魚），具體大小不詳。

手（胸鰭）上有鉤爪般的突起物，腳（尾鰭）很像穿了長及膝蓋的漁夫靴子。另外，頭上有兩個突起物，讓人聯想到基督教主教所戴的三角形帽子。主教魚的名稱也是源自這個特徵。瑞士博物學家康拉德・格斯納（Conrad Gessner）的著作《動物史（Historiae animalium）》裡就有主教魚的圖樣。

卡博茜德／葛博奇努
Caborchend & Goborchinu

愛爾蘭傳說裡的半人半獸一族。兩者的身體都是人類，但卡博茜德為狗首，或是類似山羊的頭，葛博奇努的頭部則是像馬。另外，卡博茜德據說是愛爾蘭最早的居民。

葛博奇努還有另一個名稱，就是蘇格蘭傳說裡的水棲怪物阿凡克（Afanc）。阿凡克這種怪物能夠引發足以匹敵諾亞洪水的水災，在災害中倖存下來的男女則是不列顛島居民的祖先。

凱克洛普斯
Cecrops

神話時代，開始統治希臘東南部阿提卡（Attica）地區的國王並不是人類。國王名叫凱克洛普斯，是上半身為人、下半身為蛇的異形。又名「大地之子（Autochthonous）」。

他所統治的阿提卡地區，自古就是希臘南部的中心城市，現在則是著名的希臘首都雅典所在地。雅典的誕生，與凱克洛普斯有很深的關係。

希臘人認為，眾神總是在搶奪地盤，主張某某城市崇拜自己。智慧與戰爭女神雅典娜和海神波塞頓則是爭奪阿提卡的統治權，不斷強調自己有多麼適合成為這個城市的主人。波塞頓在衛城中央插上長矛，湧現泉水主張自己的所有權。至於雅典娜，則在波塞頓之後種了橄欖樹。

諸神進行審判時找來凱克洛普斯作證，他違背事實說：「是雅典娜先種了橄欖樹」，結果這座城市就歸雅典娜所管。因此，城市才會改名為雅典（意指雅典娜的城市），凱克洛普斯則成為古雅典的第一代國王並神格化。

丘爾提 Chorti

這是一種毛茸茸、近似野人或人類的獸型怪物，出現在中美洲墨西哥南方國家瓜地馬拉的信仰與傳說之中。特色是雙腳前後相反，還生有金色的鉤爪。

除了瓜地馬拉之外，中美洲也有不少目擊到這種生物的案例，墨西哥原住民之一亞奇族（Yaqui）的傳說裡同樣存在這種生物。一般認為丘爾提和歐洲傳說裡的野人一樣是荒野的守護者，但是見過丘爾提的人據說都會面臨災禍。

奇爾柯斯 Circhos

這是一種北歐傳說裡的幻想怪物。瑞典宗教家、歷史學家以及地理學家奧拉斯・馬格努斯曾留下這種怪物的記錄。

根據他的記載，奇爾柯斯模樣酷似人類，但腳趾只有三根，其中一根比另外兩根大，身體有黑色和紅色斑點。由於手腳不協調，行走起來動作很生硬。

此外，一旦興起狂浪，奇爾柯斯就得攀住岩石才行，所以他們只能在穩定的天候下活動。

寇因海恩 Coinchenn

這是一種外形為女性的怪物，出現在北大西洋愛爾蘭的傳說裡，又稱為「Cennfhata」。寇因海恩意為「狗頭」，顧名思義，她是狗首人身的怪物。

寇因海恩是《英雄阿爾特的冒險》故事中，人魚摩根（Morgán）的妻子。她有個如花似玉的女兒，然而有人預言：「若有男人向女兒求婚她就會死。」因此，寇因海恩接二連三砍掉接近女兒的男人腦袋，沒想到自己的腦袋最後卻被英雄阿爾特（Art）砍掉了。

汀那巴拉達族
Dhinnabarrada

這是出現在澳洲原住民卡米拉羅伊族（Kamilaroi，生活在今雪梨西方地區的部族）傳說裡的一支亞人種。

卡米拉羅伊族的英雄優尼亞拉（Yooneeara），在漫長旅途中遇到汀那巴拉達族。

他們看起來像普通人類，但卻有著鴯鶓（棲息在澳洲，近似鴕鳥的鳥類）的腳。他們只吃地上爬的蟲子，這點跟也會吃蟲的雜食性動物鴯鶓雷同。另外，他們也具備製作回力鏢的技術。

汀那巴拉達族的腳力相當驚人，優尼亞拉本想默默通過村子，他們卻以猛烈的氣勢追了上來。優尼亞拉覺得情況不妙，就把湊巧抓到的獾放出來當誘餌。最後汀那巴拉達族跑去包圍獾，優尼亞拉則乘隙順利逃走。

腳為動物部位的事例很多，不過鴯鶓腳倒是挺少見的。鴯鶓亦是澳洲的國鳥，這支亞人種充分展現出國家的特色。

釘靈國民
Ding Ling Kuo Yan

這是中國傳說裡一種奇怪的人種。釘靈國民出現在中國最古老的地理書《山海經》裡，一般認為他們跟中世紀歐洲流傳的動物寓言集一樣，是把旅行者的見聞誇張化後產生的怪物。

他們是很典型的亞人，有著近似人類的身體和留著長髮的頭顱，此外還有馬腳和馬蹄。

移動速度快，據說一天最少可行進一百六十公里。

獅頭人
Donestre

中世紀歐洲的人們普遍相信這種怪物真的存在。形體近似人類，不過頭部為獅子，眼睛很大，有著被覆毛皮的圓耳以及長長的鬃毛。

在西元前三世紀的馬其頓王——亞歷山大三世的傳說裡，獅頭人總是運用聽得懂任何語言的能力，以花言巧語欺騙他鎖定的旅行者。等旅行者降低戒心後就把對方吃掉，只留下頭顱。令人驚訝的是，這種怪物有個習性，他會坐在自己殺害的犧牲者頭顱旁邊哭泣。

龍女
Dragon-Maid

分布在今愛爾蘭地區的塞爾特人，他們的傳說裡存在一種半人半龍的生物。據說生不出小孩的夫婦，只要溫柔對待她就能順利懷孕。反之則會面臨災厄。

卡洛・羅茲在《全球怪物・神獸事典》裡介紹這支亞人種，書中提到龍女的傳說很類似歐洲廣為人知的梅露辛（➡二百三十六頁），或許是跟部分身體為西洋龍這一點有關吧！

厄琪德娜
Echidna

厄琪德娜是希臘神話中，上半身為女性下半身為蛇，背後生有翅膀的女性怪物。

關於她的誕生有數種說法。根據古希臘詩人赫西歐德在著作《神譜》中的敘述，梅杜莎（➡二百三十六頁）被希臘神話英雄帕爾修斯（Perseus）殺死時，誕生出天馬佩格薩斯以及怪物克律薩歐爾（Chrysaor），厄琪德娜即是克律薩歐爾與海神歐開諾斯（Oceanus）之女卡莉羅耶（Callirrhoe）的孩子。

她住在斯基泰地區的洞窟，只把上半身探到外面，吃掉靠近她的男人。

在《神譜》中她是不死的怪物，不過在某些傳說裡，她則被全身布滿百顆眼睛的百眼巨人（Argus）打死。

此外，她還跟怪物提風（Typhon）生下許多孩子，這些孩子全是厲害的怪物。著名的有冥府的看門狗塞柏拉斯（Cerberus）、跟海克力斯對戰的九頭蛇、海中怪物斯庫拉等等。

提風遭到封印後，她又與兒子歐特勒斯（Orthrus）生下孩子。

其中之一就是埃及怪物斯芬克斯（Sphinx），他會吃掉解不開謎題的旅行者。

恩普莎
Empusa

恩普莎是希臘神話中，冥府女神赫卡特（Hecate）的隨從，她會隨同赫卡特巡視塔爾塔洛斯並折磨亡者。

她是一種夢魔或食人族的一員，有人說她能夠變成女性、牛、毒蛇等模樣。另外，她喜歡吃人肉，到了夜晚就會化身為美女，誘惑旅行者將之殺害食用，或是潛入臥室讓男性做惡夢並吸對方的血。不過遭到襲擊時，只要破口大罵，她就會尖叫逃走。

在古希臘的傳說裡也看得到恩普莎的存在，但跟前述不同，她只會在大白天出現。《神話與人（Le mythe et l'homme）》的作者羅傑・凱瓦（Roger Caillois）提到，在傳說裡恩普莎坦承「吃了青年」，而恩普莎的起源又和螳螂有關（在法語中近似螳螂的昆蟲所屬的「直翅目」，其讀音與拼音都跟恩普莎極為相近）。

如今，恩普莎成了廣為人知的惡魔。原因在於中世紀以後人們將赫卡特視為「魔女之王」，從這時起，恩普莎就被當成「女性夢魔」或是「魔女」，在惡魔學上頻繁地被拿來討論。

恩塞拉德斯
Encerrados

這是一種由邪惡魔女創造出來的人形怪物，出現在南美洲西海岸智利的民間傳說裡。

恩塞拉德斯為西班牙語的「俘虜」或「遁世者」之意。如同「俘虜」這個意思，魔女把附近村落的小孩抓走當成材料。

要製造怪物需要花點工夫。首先把小孩的眼睛和鼻子等身體的各個開口部位縫起來堵住。接著，讓失去五感的他們持續吃山羊肉，或是食用其他遭到綁架的小孩。

如此一來，小孩就會變成灰毛的人形怪物恩塞拉德斯。變成恩塞拉德斯的小孩，有時會跟同樣在智利傳說登場的印紋契（➡二百三十頁）或怪物奇瓦特（Chivato）豢養在一起。

此外，據說恩塞拉德斯也會轉變成印紋契，只不過變化條件不詳。

順帶一提，魔女煞費工夫把小孩變成恩塞拉德斯的原因，是要拿他們作為活祭品。

這些由魔女製造出來的恩塞拉德斯，被運用於在地下進行的恐怖邪惡儀式。

艾利克特尼歐斯
Erichthonios

他是希臘羅馬神話中的亞人。上半身為人類男性，下半身是蛇尾。

鍛造之神赫菲斯特斯愛慕女神雅典娜，結果侵犯她未遂。他的精液滴落在大地上，因而誕生出艾利克特尼歐斯。

艾利克特尼歐斯還小時，是由古雅典國王凱克洛普斯的女兒們撫養的。但是，其中三名女兒不小心看見艾利克特尼歐斯的模樣，最後發瘋跳河身亡。

厄里紐斯 Erinys

厄里紐斯是希臘神話裡年老的復仇女神。原本是單一的存在，隨著時代演進，遂轉而指亞萊克托（Alecto）、梅蓋菈（Megaera）、提希芙妮（Tisiphone）三位姊妹神。

厄里紐斯雖然是女神，模樣卻非常怪異。她們跟梅杜莎一樣有著蛇髮，手上也纏著蛇。頂著狗頭，還長著類似蝙蝠的翅膀。除此之外，厄里紐斯還帶著火把和鞭子，用來攻擊罪人。

厄里紐斯對殺害親人或傷害他人者毫不留情，只要她們認定有罪，就會執著地一直追逼罪人。

好比說，曾參與特洛伊戰爭的希臘軍統帥亞格曼儂，其子奧瑞斯特斯（Orestes）因為母親偷情又暗殺了父親，他便將母親連同情夫一起殺了為父報仇。

然而，厄里紐斯認為弒母是大罪，於是把奧瑞斯特斯逼到發瘋。後來在女神雅典娜的協助下進行審判，奧瑞斯特斯得到其他神祇的原諒，這才終於成功擺脫復仇女神的糾纏。

在深受希臘神話影響的義大利羅馬神話中，厄里紐斯則跟女神「芙麗葉（Furiae）」劃上等號。芙麗葉也是復仇女神，同樣是好幾位女神的統稱。

艾瓦帕諾瑪 Ewaipanoma

這是一支出現在南非北部委內瑞拉傳說裡的亞人種。艾瓦帕諾瑪沒有頭，嘴巴長在胸口上。

英國航海家瓦特．雷利的記錄中有提到他們的資料。根據一六一七年第二次遠征這個地區時的報告書內容，他曾聽該地區的首長提起艾瓦帕諾瑪這種無頭人種的事情。

佛墨爾族 Fomor

他們是一支巨人族，出現在英國原住民塞爾特人的傳說裡，又稱為「Fomoire」或「Fomorians」。

佛墨爾族不是普通的巨人，他們有著山羊頭或馬頭，眼睛和手腳都只有一隻，可說是猶如怪物的人種。巴羅爾（Balor）是佛墨爾族當中特別出名的人物，他擁有能單以視線就能殺人的邪眼。

塞爾特人原本住在歐洲本土，後來遷移並定居在現在的愛爾蘭島上。在他們的神話中，佛墨爾族是其中一支爭奪古愛爾蘭統治權的部族。

佛墨爾族敗給另一支帕荷倫族（Partholon），而後贏了內茲梅族（Nemeds），一邊四處征戰一邊在愛爾蘭扎根。後來跟菲爾伯格族（Firbolgs）講和並和睦相處，才建立了愛爾蘭的統治權。

如此繁榮的時代也只是曇花一現，不久達南神族就進攻愛爾蘭。起初雙方講和平息紛爭，最後仍發展成戰爭。

在決戰中，佛墨爾族失去英雄巴羅爾而敗北，差一點就滅族，最後逃往原本居住的愛爾蘭北方「洛赫蘭（Lochlann）」消失了蹤影。

浮亞
Fuath

這是一種將水中的邪惡之物具體化而成的存在，流傳於英國與蘇格蘭原住民塞爾特人之間，又稱為「Arrachd」或「Fuath-arrachd」。類似的生物如烏亞（Vough）、烏利斯克、瓜哈克（Guachag）等也都歸類為浮亞。

浮亞全身被覆黃色體毛，臉上沒有鼻子，看起來像詭異的人類。此外，連著蹼的雙腳就露在綠袍外，還有一條銳利的長尾巴。

他們極度討厭陽光和鋼鐵，只要曬到陽光或是碰到鋼鐵就會當場死亡。

浮亞棲息在杳無人煙的湖泊或海岸盡頭，雖然對人類抱持惡意，但他們不會離開自己的住處。因此，他們鮮少有機會與人類接觸，危害人類的可能性也很低。

順帶一提，男性浮亞和人類女性結婚的例子不少，生下的孩子手指上有蹼，還有一條尾巴，呈現半人半魚的模樣。

此外，在約翰・法蘭西斯・坎貝爾（John Francis Campbell）蒐集編著的民間故事《布羅拉罕》中，就有提到浮亞的孩子布羅拉罕（Brollachan）。他是個只會說「我」和「你」這兩個字的妖精。

乾闥婆
Gandharvas

他們是印度神話中服侍因陀羅的半神半獸集團，擅長演奏音樂。在印度、南亞、東南亞使用的巴利語中稱為「Gandhabba」。

他們有各種模樣，例如近似希臘神話裡的半人馬（➡五十二頁）形體，或是頭上有八角形的角，下半身則有金色翅膀等等。他們以香氣為食物，身上散發芬芳的香味。這點跟亞斯托密（➡一百三十四頁）一樣。

個性執著，與那伽族（➡八十八頁）交戰時，甚至打到毗濕奴（印度教的神）前來仲裁才罷手。

乾闥婆的配偶是印度神話裡的水精「飛天女神」，他們大多成雙成對出現，為神演奏的音樂可是出了名的優美。

另外，乾闥婆也是諸神的飲料「蘇摩神酒」的守護者，亦負責傳授凡人醫學知識。

基本上他們住在空氣、森林、山中等地方，他們的首領奇車（Citraratha）、畢沙伐斯（Viswavasu）、敦補盧（Tumvuru）三人，則住在猶如海市蜃樓的天界宮殿。

食屍鬼 Ghoul

這種精怪出現在伊斯蘭教世界的傳說裡，在以北非、中東、印度為中心的東方地區被視為可怕的魔鬼。他們有著人類的外形，女性的話則稱為「Ghculeh」。

模樣極為醜陋，皮膚黝黑，毛髮濃密。在某些傳說裡他們的腳踝以下為驢蹄，也有一說指他們長得像只有一隻眼睛的鴕鳥。

基本上他們以墓地為住處，也會潛伏在荒地、森林、島嶼、洞窟等沒有人煙的地方。

他們會吃屍體，又稱為屍食鬼或死食鬼，喜歡在戰場、命案現場、墓地等與死亡有關的地方出沒。或許是受到這種特徵的影響，他們在日本的漫畫或遊戲等創作中登場時，向來被設定成「會動的屍體」這類怪物。

為了捕食人類，食屍鬼能夠依據情況變成各種模樣，若是女性食屍鬼就會化為美女，誘惑粗心大意的旅行者，再將對方吃掉。

伊斯蘭教先知穆罕默德的言行錄《聖訓（Hadith）》中提到，鐵是他們的弱點，只要隨身攜帶鐵製武器就能保住一命。

蛇腿巨人 Gigas

希臘神話中出現許多巨大的人形種族，其中有名的蛇腿巨人即是英語「Giant（巨人）」的語源。天空之神烏拉納斯遭兒子克羅諾斯切下男根，流下的血液使其妻子大地母神蓋婭懷孕，因而產下雙腳為大蛇的巨人。他們有著龐大身軀與怪力，而且跟神交手時絕對不會死亡。後來眾神先靠自己削弱蛇腿巨人的力量，再讓人類英雄海克力斯以毒箭射死他們。

格律路斯
Gryllus

這是在東地中海國家中，流傳於古代傳說或藝術風格的半人半獸怪物。格律路斯是拉丁語名，希臘語則讀作格律洛斯。

特色是肚子中央還有一張人臉，在古埃及或希臘羅馬時代，以這種「肚子上的臉」為主題的飾品或藝術品數量非常多。

記載其外觀資料的書籍不多。希臘歷史作家與哲學家普魯塔克（Plutarch），曾以英雄奧德修斯和魔女琪爾茜的神話故事介紹格律路斯，內容如下：

琪爾茜遇到奧德修斯，對他的部下施咒，使他們變成奇形怪狀的豬。後來奧德修斯把部下變回原狀，但是其中一人卻說：「我想保持豬的模樣」。

那名部下就叫做格律路斯。因為這個緣故，格律路斯有時也會被描繪成豬的外觀。

格律路斯亦是中世紀著名的滑稽人物，他象徵人類的愚蠢和墮落，可在與教會有關的石像建築或木雕上見到他的身影。老普林尼在著作《博物誌》中，就介紹了擅長繪製格律路斯的畫家。

哈夫曼
Havmand

這是北歐民間傳說裡的半人半魚怪物。在位於北極圈的丹麥格陵蘭島，則稱之為「Hafstrambr」。

一般而言，他們下半身為魚，上半身則是俊美的青年。在某些傳說裡，他們則有著藍色的皮膚，以及綠色或黑色的鬍子和頭髮。

哈夫曼住在海底的房屋，只要自己的生活不受打擾，性情可算是非常敦厚。他們偶爾會在海岸的斷崖或岩窟等地方出沒，有些船員在航海期間曾經目睹過他們。

伊卡魯・那帕
Ikalu Nappa

因紐特人（Inuit）是生活在北極圈的少數民族，而伊卡魯・那帕則是其傳說裡的海中怪物。他們的上半身和頭部為人類女性，下半身為海魚。

另外，因紐特人的傳說裡還有一種毛人魚（Auvekoe-jak）。他們的上半身為男性，下半身為魚，身上沒有鱗片，而是被覆著毛皮。

丹麥動物學家奧托・法布利休斯（Otto Fabricius）認

為，毛人魚很類似早在二十一世紀之前就已滅亡的水棲哺乳類動物「巨儒艮」。

半人馬魚
Ichthyocentaurs

在西元三世紀的博物誌《博物學家》中，可以見到這個亞人種的名稱。他們的上半身為人，前腳為馬，後腳為海豚尾巴，是一種類似人魚的存在。

雖然叫做半人馬魚，但跟真正的半人馬（➡五十二頁）沒什麼關聯。

有學者認為，是因為希臘神話的半人馬廣為人知，人們便把結合人獸特徵的亞人種全冠上「centaurs」這個詞，才會誕生半人馬魚這個名稱。

食魚者
Ichthyophagi

這是一種主要出現在中世紀歐洲傳說裡的水棲生物。西元三世紀於埃及大城市亞歷山卓寫成的《亞歷山大大帝故事（The Greek Alexander Romance）》，對於食魚者這種生物有詳細的說明。

食魚者無論男女都住在水中，他們有一個月只吃魚過活，不會離開水底。來到陸地時就不吃食物，光靠味道就能生存。

男性食魚者體格健壯毛髮濃密，身上被覆動物般的毛皮。身高據說有十二 pied（約四公尺）。

女性食魚者的頭髮如孔雀羽毛般閃亮，她們會用美麗的頭髮遮蔽裸體。其美貌具有吸引人心的魅力，她們會把被挑起欲望的騎士拖入水中淹死。

另外，曾有四名年老的食魚者在亞歷山大大帝出征時擔任引路人。《亞歷山大大帝故事》就描寫到他們目光炯亮有神，全身長滿硬毛，額頭還長了角。

伊格普皮亞拉
Igoupiara

這是巴西的傳說裡，一種上半身為人類，下半身為魚尾，亦即人魚模樣的亞人種。名稱源自於當地語言中的「水中居民」。

五根手指之間有蹼，他們會把人類引誘到水裡吃掉。一五七五年至一五八五年，葡萄牙南部聖文森（St. Vincent）地區有許多人目擊到他們，也有報告提到西元十七世紀初有村民或旅行者消滅了伊格普皮亞拉。

住在東代島鄰近島嶼的居民
Inhabitants of Islands Near Dundeya

英國探險家約翰・曼德維爾爵士於一三六〇年左右完成《東方旅行記》，「住在東代島鄰近島嶼的居民」則是書中提到的巨人與怪物之統稱。這些無名島上，棲息著擁有奇怪特徵的生物。

根據該書的內容，東代島周圍大大小小的島嶼上，住著各式各樣的亞人種，例如眼睛極小且沒有嘴巴和鼻子的種族、嘴巴極大且耳朵很長的種族、生有馬蹄的種族……等等。

書中介紹的亞人種裡，也有酷似希臘神話中的獨眼巨人（➡四十頁）、在歐洲廣為流傳的無頭人（➡一百二十六頁）等人種。

另外，分布於東代島中央的居民有吃人的習俗。一旦發現家人生病，或是因神諭而難逃一死時，就會當場殺死並分給家人與朋友食用。

當時的歐洲人相信地球是平面的，只要沿著陸地前進就能抵達世界盡頭。他們也不曉得世上還有其他大陸（亞洲、美洲、非洲等），所以相當信賴、愛讀這類介紹未開拓島嶼上的可怕怪物之書籍。

印紋契
Invunche

這是南美洲智利的傳說裡，一種用雙腳行走的獸人。他們渾身包覆著如氣球般圓滾滾的毛皮，又被稱為「皮革之王」。

印紋契隱居在湖底的洞窟，把怪物崔克菲庫威（Trelquehuecuve）當成手下使喚。手下會把年輕女孩帶回來，而他們就在洞穴裡吸食獵物的血。

只要在印紋契的身上穿洞就能輕易消滅他們，但是他們的住處很難找到。

凱波拉
Kaipora

在巴西的森林裡，棲息著當地無人不知無人不曉的有名怪物。他們叫做凱波拉，是山中或森林裡的野生動物守護者。

凱波拉是種神祕的存在，有些地區認為他們是體格壯碩的巨人戰士，不過最有名的形象，則是充滿野性的人類女性。她們全身長滿硬毛，騎著野豬穿梭於森林之中。

凱波拉有變身能力，能夠隨意變換模樣出現在踏入森林的獵人面前。凱波拉也很擅長隱身，她們會以獵物之姿出現在獵人面前，讓獵人跑到沒有力氣，等獵人受不了而開槍後，凱波拉就會放聲大笑消失無蹤。此外獵人也相信，若在山中小屋休息時遇到凱波拉，這輩子都會走霉運。對普通人而言她們是非常麻煩的存在。

另外，獵人若在山林裡撒野惹得凱波拉不高興，就要接受嚴厲的懲罰。她們會把煙或火噴到破壞山林的人身上，或是把人抓起來搔癢讓他狂笑而死。

河童
KAPPA

在日本的民間傳說中，他們是出沒於日本各地的人形水中妖怪。河童亦稱為河子（「河裡的孩子」之意），顧名思義，他們棲息在河川或水池裡。

外貌視傳說而有各種不同的版本，基本上他們有著被覆鱗片的皮膚和蹼，是一種看起來像猴子的矮小生物，此外也常被描繪成猴首龜身的模樣。無論哪種版本，他們都有一個共同點，那就是身體為綠色，頭頂如盤子般扁平。頭頂的盤子是河童的要害，如果乾掉或破掉就會死亡。

一般人對河童的印象就是喜歡相撲和小黃瓜。據說是因為在水神信仰中，相撲是一種祭神活動，而小黃瓜則是常用的供品。

河童是一種對人類較為友好的妖怪，不過他們也常會把待在水邊的人類拖下去，拔掉「尻子玉（一種虛構內臟，位在手伸進肛門後可觸及的範圍裡）」殺死對方。若是跟河童比賽相撲，輸了同樣也會被拔掉尻子玉，但是在比賽前就行禮的話，便能避免這種情況。因為他們也會回禮，低頭的那一刻，盤子裡的水（力量來源）就會灑出來。河童失去力量後就不難對付了。

卡酋塔尤克&圖尼特雅克魯
Ketyutayuq & Tunnituaqruk

住在北美洲加拿大哈德森灣（Hudson Bay）東部地區的因紐特人，其傳說與信仰中存在著這種怪物。

兩者的模樣都跟人類很相似，女性稱為卡酋塔尤克，男性則稱為圖尼特雅克魯。

卡酋塔尤克雖然有著人類外表，可是她們的頭顱很小，而且嘴巴上方有乳房，下方則有性器官，很顯然是異形怪物。此外，也有人說她們是頭顱很大的女人。

圖尼特雅克魯則跟卡酋塔尤克相反，他們有著很大的頭顱，上面布滿刺青。順帶一提，名稱中的「Tunnit」就是源自「刺青」一詞。

他們無論男女都喜歡蒐集棄置不用的破銅爛鐵，時常追逐人類，或是到剛變成空屋的房子搜刮剩下的物品。

另外，這種怪物還有一種特別的習性，就是會趁家中無人時躲在床鋪裡。如果有人在不知情的情況下，爬上卡酋塔尤克躲藏的床鋪，就會面臨恐怖的下場。

奇拉塔 Kirata

這是印度傳說與民間傳說中的人形怪物。棲息在印度東北部丘陵地帶的森林深處。

他們是把人類當成捕食對象的食人怪物，會攻擊周邊聚落找尋獵物。另外，他們也可以吃生魚維生。

奇拉塔的男性上半身為虎，下半身為人。女性則有著金色的美麗容貌，能夠誘惑在森林中迷路的人類。

半人犬 Koerakoonlased

這是一種人形食人怪物，出現在歐洲東北部的愛沙尼亞、拉脫維亞、立陶宛的傳說當中。

身體半邊為人，另一半則為狗，眼睛只有一隻，長在額頭的中間。此外也常描繪成狗首人身的模樣。

半人犬棲息在地面結冰的冰原上，會攻擊聚落，把人類帶回去當家畜飼養，養胖了就吃掉。

庫爾 Kul

中東北部、土耳其南方的國家敘利亞，其傳說中的怪物。庫爾為半人半魚，模樣近似歐洲傳說裡的人魚。

庫爾和人魚的不同點在於，人魚住在海裡，庫爾住在湖泊、水池、水井等淡水中。他們大多對人類抱持敵意，會攪拌水底泥沙使水變髒，或是在水裡下毒作亂。不過，他們喜歡讚美的話語和音樂，只要唱歌並讚美他們，水就會變乾淨。

鳩槃羯叻拿 Kumbhakarna

印度神話裡的巨人。總是處於飢餓狀態，會吃水牛和山羊等家畜，還會吃大批活人配上大量的酒水。儘管鳩槃羯叻拿專橫跋扈，由於他很虔誠地向神祇獻祭，他的行徑也就獲得容許。

後來，在創造神梵天的設計下，鳩槃羯叻拿睡了一年左右。鳩槃羯叻拿睡醒後一口氣吃了一年份的食物，動作因而變得遲鈍，最後被英雄羅摩與他的部下消滅了。

尼克斯
Nix

這是一種水棲的超自然存在，出現在北歐、德國、瑞士的民間傳說裡。名稱源自古高地德語的「鱷魚」，女性則稱為尼克西（Nixie）。

尼克斯的模樣視時代與地區的不同而有很大的差異。原本的外觀有如怪物，之後隨著民間故事的傳承而變成近似妖精的樣子。

一般人對他們的印象，就是有著皺巴巴的綠色皮膚、綠色頭髮以及牙齒的嬌小人類，或者是灰色的馬匹。

近似妖精的尼克斯，上半身為人類女性，下半身是魚尾，常利用美麗的容貌誘惑人類將之拖入水中。由於他們會在這時展現優美的歌聲，所以也被視為近似賽蓮（➡五十六頁）的存在。另外，他們的家人和小孩都住在水中的漂亮宮殿裡。

在德國的民間傳說裡，尼克斯會將自己的孩子與人類嬰兒調換，這種情況稱為「Wechselbälge」，也就是妖精所做的惡作劇「調換兒」。

亦有尼克斯跟人類結為情侶，生產時他們會找值得信任的人類產婆。事後他們也會給找來幫忙的產婆十分豐碩的謝禮。

特勞恩湖的貴婦
Lacy of Lake Traun

奧地利傳說裡的人魚。又名湖之女王、水棲女王。顧名思義，她們出沒在奧地利中部的特勞恩湖。繪畫作品常將她們畫成騎著類似海馬的生物渡過湖面的人魚。她們是水棲生物的守護靈，相當痛恨漁夫，總是想害他們溺水。

順帶一提，特勞恩湖如今成了觀光地，以奧地利最深的湖聞名。

奧地利是內陸國，不與海洋相接。不過，流經國內的多瑙河周邊地區，仍留下不少跟世界各地的人魚傳說頗為相似的民間故事。

據說多瑙河住著人魚王多瑙侯爵，他的手下則為各式各樣的人魚和水精。

與他們有關的民間故事，有愛上年輕人類，最後把對方帶回多瑙河裡的女性人魚，以及回答人類許多問題，卻因此觸怒多瑙侯爵，一回到多瑙河就遭殺害的水中小矮人等故事。

拉彌亞
Lamia

這是一種在許多傳說與神話中登場的半人半獸怪物。上半身為人類女性，下半身為蛇，也能變身為正常的美女。

亦有一說拉彌亞為混合體，具備蛇與山羊的特徵，上臂為人類女性，後腳有分裂的蹄。因此在現代，有時會將「拉彌亞」當成「奇美拉（Chimera，數種動物的合成體）」的同義詞。

許多傳說都有提及拉彌亞的起源，最廣為一般所知的就是希臘神話。拉彌亞原本是北非利比亞的女王，很受全能之神宙斯的喜愛，結果惹火了宙斯之妻希拉。

於是宙斯在非洲準備了一個奢華洞穴，讓拉彌亞得以躲避希拉的報復，結果希拉還是找到她了，拉彌亞不僅變成醜陋的模樣，她與宙斯所生的孩子也都被抓起來殺死。之後，拉彌亞便開始到處找小孩來殺害。

到了中世紀，拉彌亞的傳說起了變化，她被視為類似吸血鬼的怪物，會攻擊侵入其地盤的人類。另外，魔女、妖女等存在也都統稱為拉彌亞。

雷西
Leshii

這是俄羅斯民間故事裡的亞人種。他們是動物與森林的守護者，並有許多不同的稱呼，例如「Lesovik」、「Leshak」、「Lesovy」、「Lesun」……等等。

他們有著人類的模樣，皮膚蒼白，眼睛與鬍鬚是綠色的。頂著一頭蓬亂的長髮，腳下沒有影子。兩腳反穿著用植物皮做成的鞋子，能夠自由變換形體。他們可以把自己變得像樹一樣高，也可以變得像草一樣矮小。另外，各地的森林都有一位雷西，他的妻子稱為雷索薇哈（Leshachikha），小孩稱為雷匈奇（Leshonky）。

冬天以假死狀態度過，到了春天就會醒來。他們感受著季節變化並與同伴嬉鬧，帶來暴風雨和洪水，不過這些災害很快就會平息下來。

雷西很熟悉森林裡的聲響，能夠模仿各種聲音。他們有時會告訴走進森林的人錯誤的路線，或是把人推進沼澤裡。惡作劇成功後，就會笑著消失在森林深處。

深知雷西生態的獵人和牧人，會準備鹽和麵包討雷西歡心，或是模仿他們把衣服或鞋子穿反。

莉莉絲
Lilith

她是隱身在荒野的黑夜惡魔，外觀為生有翅膀的長髮女性。在猶太人的傳說裡，她在惡魔之中是極為重要的存在，其起源可追溯至古巴比倫的民間傳說。

莉莉絲會在夜晚出現使產婦陷入危險狀態，或是帶走出生的嬰兒加以殺害。亦有一說，她能夠變身為貓或豹等各種動物。

此外還有一說，認為莉莉絲本來是上帝給亞當的第一任妻子（夏娃是第二任妻子），既然現在的人類是亞當與夏娃的子孫，那麼莉莉絲或許是不同於人類的人種。

莉莉絲也有出現在西元十三世紀的猶太教神祕主義書籍《光明篇（Zohar）》中，同樣被當成亞當的妻子。由於她生出許多惡魔，上帝創造夏娃後就將她逐出天界返回海裡。於是她開始憎恨男性，不僅如夢魔般侵害對方，破壞合法的婚姻，也會殺害剛出生的孩子，吃掉其魂魄和肉體。

根據妖精學權威井村君江在著作《妖精學大全》中的解說，十八世紀德國語言學家布克斯托夫（Johannes Buxtorf），在將猶太法典《塔木德（Talmud）》翻譯成母語出版時，把莉莉絲視為亞當的「第一任妻子」，才使得莉莉絲的存在廣為人知。

馬面
Ma Mian

中國神話中來自地獄的鬼差。這是一種有著馬頭的半人半獸怪物，因而取名馬面。

馬面和牛頭，都是在管理死者與地獄之民的閻羅王手下工作的鬼差。

他們的任務就是帶領死者的魂魄到「地府」接受閻羅王的審判。

曼陀羅&阿爾勞尼
Mandrake & Alraune

曼陀羅是實際存在的茄科植物，花語為「恐懼」。亦稱為「Mandragora」。

在民間傳說裡，曼陀羅有著近似人形的奇妙外觀，更因此傳出「拔出地面時曼陀羅會發出慘叫聲」的說法。聽到曼陀羅叫聲的人則會「發狂」或是「發瘋而死」。

根據傳說，要拔起曼陀羅時，得先塞住兩隻耳朵以免聽到叫聲，然後在根部綁上繩子讓狗來拉。雖然狗會聽到曼陀羅的叫聲而死，但人們卻能因此得到從地面上拔起來的曼陀羅。

古羅馬博物學家蓋烏斯．普林尼．塞坤杜斯在《博物誌》中解釋，一般認為曼陀羅分成兩種，白色是雄種，黑色是雌種。另外還提到採掘曼陀羅時，「要避免站在迎風處，先用劍在植物周圍畫三圈，接著面向西方挖出來」，這是能避免接觸毒素的方法。

此外，古代還流傳另一種特徵相似的人形植物，名叫阿爾勞尼，意思是「包含祕密之物」。

梅杜莎 Medusa

出現在希臘羅馬神話中的怪物，亦與姊姊尤里艾蕾（Euryale）及絲特諾（Stheno）合稱為蛇髮三姊妹。梅杜莎原本是一位美麗的女孩，她在祭祀女神雅典娜的神殿與波塞頓發生關係。雅典娜女神因而發怒，懲罰她變成可怕的醜陋怪物。

儘管她仍保有女性的容貌，背後卻長了翅膀，手指還有堅硬的鉤爪。此外，嘴巴露出尖牙，舌頭下垂，頭髮變成無數條蛇，每條蛇都有自己的意志不停竄動。

當中最恐怖的特徵，就是如寶石般閃耀的雙眼。若直視梅杜莎的眼睛，那個人就會變成石頭。

後來，雅典娜命令英雄帕爾修斯帶回梅杜莎的頭顱，因而遭到殺害。當時帕爾修斯不直接看她，而是用光亮如鏡的盾牌映出她的身影，因此避開了石化的詛咒，得以接近梅杜莎砍下她的頭。

砍下頭顱時，傷口除了噴出血液外，還生出天馬佩格薩斯，以及持有黃金劍的巨人戰士克律薩歐爾。

梅露辛 Melusine

這是一種廣泛流傳於歐洲的女性怪物。在法國有名到常被選來作為紋章的圖案，又稱為「Melusina」。法國或英國紋章裡的梅露辛，通常畫成擁有兩條尾巴的半人半魚模樣。

梅露辛的上半身是美麗的年輕女性，下半身則是蛇尾。在某些傳說裡，她的背後或腰部也長有類似西方的龍的翅膀。

她是女妖精和蘇格蘭王所生的女兒。但是，蘇格蘭王打破「不偷看妻子生產」的約定，使得母親得返回妖精的世界。梅露辛痛恨造成雙親分離的父親，把他關在洞穴裡，結果觸怒母親遭到詛咒。

遭到詛咒的梅露辛，每週會有一天變成上半身為人、下半身為水蛇的怪物，在找出答應她絕不偷看這副模樣的男人之前，她都無法體驗愛情。如果對方違約，她就得以醜陋的有翼蛇之姿度過這一生。

梅露辛和答應遵守約定的法國貴族結婚，生下許多孩子，可惜最後還是被丈夫發現祕密而消失蹤影。

米諾陶洛斯
Minotauros

這是希臘羅馬神話中，牛首人身的怪物。主神宙斯與歐羅芭（Europa）之子米諾斯王（Minos）統治克里特島（Crete），米諾陶洛斯就被關在島上的迷宮裡。

根據傳說，米諾斯王向波塞頓借了一頭漂亮的公牛，卻違反當初殺牠獻祭的約定，改用別的公牛獻祭。波塞頓因此勃然大怒，讓這個國家的牛變得凶暴，到處破壞，接著讓王后帕西法（Pasiphaë）愛上漂亮的公牛。帕西法製作母牛的模型，然後躲在裡面與公牛交配，最後生下模樣醜陋的米諾陶洛斯。

米諾陶洛斯又稱為「Astelion」或「Asterios」，有吃人的壞習慣。於是，米諾斯王請發明家戴達羅斯（Daedalus）建造迷宮，把這頭怪物關起來。此外，米諾斯王命令戰敗的古雅典（今雅典）城邦，每年要準備七名少年少女當作貢品，然後把他們送進迷宮給米諾陶洛斯食用。古雅典王子特修斯得知此事後，便與貢品少年交換身分潛入克里特島。他與米諾斯王的女兒愛麗亞德妮（Ariadne）墜入情網，消滅怪物後，就藉著她給的線團逃出迷宮。

山男／山女
Mountain Man／Mountain Woman

出現在日本各地傳說裡的大塊頭妖怪。每個地區流傳的說法皆不盡相同，像是他們會說話、會攻擊人等等，至於外貌則普遍認為是毛髮濃密的半裸壯漢。

新潟縣的山男身高約一百八十公分，雖然口不能言，但是聽得懂人話。另外，一旦教會山男穿獸皮，隔天晚上他們就會獵鹿過來，可見他們的學習能力很強。

靜岡縣的山男身高約六公尺，態度頗為友好，會幫忙伐木、把傷患帶到醫生家等等，酒是他們喜歡收到的謝禮。

青森縣的山男稱為「大人」，身高跟人類差不多。據說看到山男就會生病，不過他們也有善良的一面，只要給他們食物就會幫忙工作。

另外也有女性版的山男，稱之為山女或山姬。她們跟外表粗獷的山男不同，而是長髮美女。服裝是用樹葉做成，只圍在腰部呈現半裸狀態，亦有穿著十二單（平安時代的服裝，由很多件袿衣組成的豪華衣裳）的說法。她們不像山男那般友好，不少傳說提到山女會攻擊旅行者或是住在附近的村民。

女媧
NuWa

她是中國文學與傳說裡的混合種女神。在神話中，是她用泥土和繩子創造了人類。

另外，她也是中國神話裡的皇帝「伏羲」之妻。

女媧和伏羲都有人類的軀幹及頭部，不過下半身為蛇尾。或許就是這個緣故，在畫作中這兩人大多採下半身交纏的姿勢。

半人驢
Onocentaurus

半人馬（⬇五十二頁）是一種上半身為人，下半身為馬的亞人種，為希臘神話中廣為人知的種族。

冠上「centaurus」之名的怪物，種族名稱會隨作為軀體的動物種類而改變。半人驢此種族外形十分近似一般人所知的半人馬，但軀體部分為驢而非馬，又稱為「Monocentaurus」。

半人驢並非希臘神話裡的怪物，而是西元三世紀於埃及學術城市亞歷山卓寫成的《博物學家》一書裡提及的種族。之後，以西元七世紀初的思想家暨基督教神學家「塞維亞的依西多祿（Isidore of Seville）」為首，中世紀歐洲大量出版「動物寓言集」這類透過動物生態學習基督教教義的書籍，半人驢因為收錄其中而出名。敘述其個性極為暴力，人類難以捕抓他們。

基督教會將這類神祕動物的生態，與特定的倫理善惡扯上關係。半人驢則是象徵偽善與肉慾的怪物。

烏薩／烏德瓦斯
Ooser／Woodwose

這種妖精出現在英格蘭東部東安格利亞（East Anglia）地區的傳說裡。外觀為全身布滿體毛的男性，有烏薩和烏德瓦斯兩種稱呼。在歐洲，住在山野中宛如蠻族的種族統稱為「野人」，而烏薩（烏德瓦斯）也是其中一種。

烏德瓦斯顧名思義，是住在森林裡的種族，他們會擄走女人或抓小孩來吃。在當地是廣為人知的存在，可在教堂的雕刻、慶典的變裝遊行等地方見到他們的身影。

獨腳女
Paija

這是一種巨大的女性怪物，出現在加拿大原住民因紐特人與伊豪謬特族（Ihalmiut）的信仰當中。她有著一頭黑色長髮，下半身只有一隻從生殖器附近長出來的腳，模樣奇怪醜陋。

獨腳女是種會攻擊人類的恐怖怪物，不過她有個奇怪的特色，就是只在「下雪的冬夜」襲擊人類。她特別喜歡找被暴風雪困住的男人，然後狼吞虎嚥地吃掉對方。一旦被她發現或是看到她的身影，這個人就死定了。因此若看到雪地上留著單腳的腳印，就得躲起來等她離開才行。

普力斯卡拉克西
Priscaraxe

外觀有如人與蛇混合而成的亞人。「中世紀新發現的希臘神話資料」中介紹了這支種族，但實際上這份「新發現的資料」應該不是來自於古希臘。

據說十五世紀義大利修道士安尼烏斯（Annius），為主張法國原住民高盧人「繼承了巨人族的偉大血統」，而捏造出「阿拉克沙普力斯卡（Araxa Prisca）」這個人種，後世的作家便將之納入自己的作品中。

俾格米人
Pygmaioi

這是一支最初於希臘神話中登場，後來人們也相信確實存在的種族。老普林尼在《博物誌》裡提到，這支種族的身高最多不超過七十五公分。關於居住地，各文獻資料說的都不一樣，有人說是埃及的尼羅河上游地區，也有人說是地中海的島嶼，甚至還有人說在中國南方的大河「揚子江」流域。

俾格米人體型雖然矮小，生活方式卻跟人類如出一轍，他們還有符合自己身材的馬匹。鶴則是俾格米人的天敵，因為飛越尼羅河上空的鶴會搶奪他們的食物。為了擊退攻擊他們的鶴群，俾格米人會攜帶符合身材的弓箭作為武器。

此外，他們不光是單純防守而已。每到春天，俾格米人就會展開為期三個月的遠征，攻擊鶴的巢穴，食用鶴的雛鳥和蛋。

約翰・曼德維爾在《東方旅行記》中說明，俾格米人不僅身材短小，壽命也很短。他們出生後半年就能生子，壽命大約七、八歲。活到九歲的俾格米人就算是人瑞了。

羅剎娑／羅剎私
Rakshasa／Rakshasi

出自南印度吠陀神話，又稱為羅剎。模樣近似人類但醜陋無比，不僅有著紅色頭髮和鬍子，還有數顆頭顱和眼睛。肚子凸出，會用尖牙和雙手的鉤爪將人撕裂吞食。至於女性則稱為羅剎私，她們可變成美麗的少女跟人類結婚，待遇跟羅剎娑天差地遠。

羅剎娑到了夜晚力量就會增強，趁著黑夜弄髒人類或食物使之生病或死亡。此外，他們也被用來象徵各種可在神或人身上看到的邪惡，如貪食、色慾、暴力等等。

古印度史詩《羅摩衍那》中有羅剎娑之王羅波那的故事。他是個擁有十顆頭顱、二十隻手的異形巨人，以楞伽島（今斯里蘭卡）為根據地，統治羅剎娑族。羅波那透過自砍頭顱的方式，從梵天那裡得到強大的力量。他用那股力量作亂，最後被毗濕奴轉生的羅摩王子消滅。

拉維那怪物
Ravenna monster

這是西元一五一二年三月十一日誕生於義大利城市拉維那的創作世界的怪物。

佛羅倫斯的藥劑師路卡・蘭多奇（Lucca Landucci），曾在日記裡寫下拉維那怪物的奇異特徵：頭上有一根筆直如劍的角，生有一對取代手臂的蝙蝠翅膀，胸部有刻印，腰部有兩條蛇，具兩性的生殖器官，膝蓋上有一隻眼睛……等等。

這個怪物誕生之後，便在義大利、法國和德國等地獲得許多人的採用。一五五四年亞科布・盧夫（Jakob Rueff）在瑞士出版的《人類的起源與系譜（De conceptu et generatione hominis）》中就有詳細解說。此外，孔拉德・琉科斯尼斯的著作《怪象與徵兆記事》中，也刊載兩種拉維那怪物的圖畫。

早稻田大學教授松平俊久，在其論文《異形圖像學－義大利拉維那的怪物形象－》的序文中提到，當時的人們相信，拉維那怪物是法軍進攻拉維那的預兆，為「前兆」與「神意」的表現。此外，拉維那怪物的各個部位也有其含意，與基督教的「七宗罪」有所關聯。

三身國民
San Shen Kou Yan

顧名思義，他們是有著三個身體和一顆頭顱的特異部族，出現在中國的傳說當中。

中國古代地理誌《山海經》第七卷寫道，他們住在「夏」北方的國家。

在文獻上，夏是中國最早的王朝名稱。其歷史可追溯至西元前二十世紀至十六世紀，但夏朝是否真的存在仍未獲得確切的證明。不過，從《山海經》的記述可知，三身國也是同時代中歷史久遠的國家。

順帶一提，《山海經》裡還有一個對應三身國的亞人種國家，叫做三首國。

該國的居民為一個身體配上三顆頭顱的亞人種。遺憾的是，有關其生態的資料並不多，書中只提到「有個國家位在牙齒如削木用的鑿子般又尖又長的亞人種部族東方」。

《全球怪物・神獸事典》的作者卡洛・羅茲，對這類亞人種做出以下解釋：他們跟中世紀歐洲創作的動物寓言集一樣，是把往來周邊未知區域的旅行者見聞誇張化後流傳下來的產物。

薩因
Sa-Yin

大夏谷（Gran Chaco）為橫跨巴西、玻利維亞、巴拉圭、阿根廷的平原地帶，其中在特巴皮拉格地區（Toba-Pilaga）的原住民傳說裡，有一種叫做薩因的亞人。

薩因的模樣有諸多版本，例如留著黑色長髮的騎馬男子、類似半人馬（➡五十二頁）的樣子、騎著軍馬的騎士等等。

薩因住在湖邊，英語又稱這種怪物為「Master of the fish（魚類統治者）」。

薩斯科奇
Sasquatch

這是一種巨大的野人，美洲北部的阿拉斯加與加拿大皆相信他們的存在。薩斯科奇意為「野生的人」，在阿拉斯加的冰原至太平洋沿岸的山地一帶都有人目擊過他們的身影。

根據目擊說法，薩斯科奇跟人類沒什麼不同，他們用雙腳行走，身高最高四～五公尺，全身被覆黑褐色的體毛。

薩斯科奇很像大腳怪，不過早在歐洲人移居美洲之前就有他們的傳說了。

西亞茲&巴佩茲
Siats & Bapets

烏特族（Ute）是住在美國洛磯山脈與內華達山脈之間的大盆地原住民，西亞茲和巴佩茲則是其民間故事與傳說裡的人形怪物。

男性稱為西亞茲，女性稱為巴佩茲，兩者都是食人怪物，特別喜歡吃小孩。雖然他們是不死之身，只要用黑曜石製成的箭就能殺死他們。

另外，這種怪物常被父母拿來嚇唬不聽話的小孩子。

西勒努斯族
Sileni

他們是希臘羅馬神話裡的半人半獸種族。薩提洛斯（⬇六十頁）的下半身為山羊，至於西勒努斯族的下半身則是馬，還有著馬耳和馬尾。

西勒努斯族中最有名的就是西勒努斯，他是傳授豐饒與葡萄酒之神戴歐尼修斯（又稱巴克斯）學問的老師，隨著時代演進，他的名字就被人直接當成部族名稱了。

西勒努斯是個風流且經常喝醉的老人，也有人說他能夠洞悉過去與未來。

在阿波羅多洛斯所寫的《希臘神話》中，他是半人馬（⬇五十二頁）波勒斯的父親，由此可以窺見西勒努斯與半人馬族有很深的關係。

西勒努斯和戴歐尼修斯的師生關係非常良好。某天，弗里吉亞（Phrygia，現土耳其西部）的國王邁達斯（Midas）保護酒醉睡著的西勒努斯，並在自己的城堡裡盛大招待他。

戴歐尼修斯非常感謝邁達斯王幫助老師又招待他，因此實現他的願望，賜予他「能把摸到的東西全變成黃金」的力量。

斯庫拉
Skylla

她是希臘羅馬神話中的可怕怪物，原本是寧芙（⬇四十八頁）。名字為希臘語「母狗」之意。

有人說她是提風和厄琪德娜（⬇二百二十三頁）的女兒，也有人說她是福爾庫斯和赫卡特·克拉塔耶斯（Hecate Crataeis）的女兒。

至於模樣也有許多版本，有人說她上半身是美女，下半身為三組狗頭與狗身，有十二隻狗腳，還有一條水棲生物的尾巴。另外，也有人說她是具備兩棲類觸手的怪物，有六顆頭、三組牙齒、十二對腳。由於她有觸手，在現代的日本創作中，經常將她描繪成下半身如章魚的模樣。

在詩人荷馬的著作《奧德賽》裡，斯庫拉原是一位大美女，後來變成前述那種怪物，關於這點有諸多說法。

有一說，魔女琪爾茜喜歡的男人向斯庫拉求婚，她出於嫉妒而在斯庫拉平常沐浴的海灣下毒，斯庫拉浸泡在毒水裡才使下半身變成怪物。還有一種說法是，斯庫拉吃了英雄海克力斯從格律翁（Geryon）那裡偷來的牛而被他殺害，她的父親福爾庫斯讓女兒復活，結果卻變成怪物的模樣。

烏娜蒂
Unnati

這是一種天界的鳥，出現於中亞尼泊爾地區印度教神話之中。

烏娜蒂有著美麗的鳥身與人類女性的頭部，是神鳥迦樓羅的配偶。

丈夫迦樓羅是與那伽族（➡八十八頁）敵對的聖鳥，有著紅色翅膀與金色身軀。他也是毗濕奴的坐騎，因擋下神王因陀羅的攻擊而結為朋友，肉體得以不死。

烏利斯克
Urishk

在英國北部蘇格蘭的「蓋爾語」裡，烏利斯克意為「水男」。他們是當地傳說裡的水中惡靈「浮亞（Fuath）」的一種，上半身為人類，下半身為山羊，以醜陋的姿態聞名。模樣近似古希臘神話中的山羊人薩提洛斯（➡六十頁）。

他們棲息在蘇格蘭北部的荒涼高地，或是附近的瀑布。中部的卡特林湖（Loch Katrine）更是烏利斯克聚集的場所。

對人類而言，烏利斯克是有益也有害的存在。有時他們會幫忙守護人類飼養的家畜、用磨臼把穀物磨成粉，或是幫忙脫殼的作業，如果自己的農地出現烏利斯克，農民就會很幸福。

不過，烏利斯克也會追著喜歡的女性戲弄，或是當旅人走在無人的夜路時突然出現，不管對方是否同意就跟著同行。對烏利斯克而言這些只是惡作劇罷了，但由於他們外表醜陋，反而讓人類覺得恐怖和厭惡。此外，他們也會做出如殺死豢養的羊之類的實質危害。

薇芙兒
Vouivre

這是以法國為首，德國、瑞士等地的傳說也都出現過的女性亞人。薇芙兒一族都是女性，沒有男性。上半身是豐滿的人類女性，下半身為蛇尾，背後有類似西洋龍的翅膀。額頭或眼眶裡一定鑲有紅色或透明的寶石（紅寶石、鑽石、石榴石等）。

這些寶石是薇芙兒的眼睛，只要寶石發亮，即使在黑暗中也能行動自如。不過，寶石若因某些因素而遺失，她們的眼睛就看不見了。在歐洲的傳說裡，薇芙兒的寶石有招財的效果，因此覬覦寶石的人絡繹不絕。她們在水井或湖邊喝水時，會把寶石取下來以免弄溼，所以要偷她們的寶石並不困難。

薇芙兒還有一大弱點，就是討厭人類男性的裸體。她們是非常害羞的種族。據說薇芙兒攻擊的目標都是穿著衣服的人類。某次薇芙兒襲擊在河裡游泳的人，卻因為那名男性赤身裸體，使得她們害羞地逃走了。

亞拉馬雅胡
YaRa-Ma-Yha-Who

這是一種澳洲土著傳說裡的奇怪生物。模樣近似人類，但身體和雙腳很小，肚子又凸又大。另外，他們有著紅色的眼睛，頭顱很大，能夠直接吞掉小孩。亞拉馬雅胡的手指很長，宛如觸手，他們會以手指上的吸盤捕抓獵物再直接吞下肚。

他們喜歡吃小孩，整天躲在樹蔭下尋找目標。他們抓住獵物後會把觸手纏繞上去，利用吸盤吸血，最後張開血盆大口把獵物吞下去。

不過，就算被吞下去也還有得救的機會，想逃脫必須等到晚上。亞拉馬雅胡有個習性，他們會在睡前喝下大量的水吐出胃裡的東西。只要能撐到那個時候，等自己被吐出來後裝死蒙混過去，這樣就能趁他們睡著時逃走。

不過，即使幸運地被吐了出來，如果亞拉馬雅胡發現獵物還活著，仍會把人吞回去。

根據《全球怪物・神獸事典》的作者卡洛・羅茲的說明，亞拉馬雅胡是一種出沒在小孩房裡的惡作劇妖精（Bogy，用來嚇唬、管教小孩的妖精統稱）。

雪人
Yeti

尼泊爾的雪巴人（Sherpa）生活在鄰近中亞喜馬拉雅山脈的地區，雪人則是他們的傳說裡，用雙腳行走、全身毛茸茸的野人。「Yeti」這個稱呼，是用雪巴人的語言裡、意指岩石的「Yeh」和意指動物的「teh」組合而成。

直到十九世紀末，雪人的存在才廣為全世界所知。一八八九年，英國陸軍中校沃德爾（Laurence Waddell）發現了巨大腳印。他在著作中發表這項事實，促使雪人的知名度急速攀升。

並木伸一郎的《未確認動物UMA大全》收錄了全球未確認生物的資訊，當中提到雪人可按身體大小分成三種：身高超過四公尺，個性溫順的雪人；身高約二公尺，可在標高四千公尺以上的高地發現腳印的雪人；跟人類差不多高，個性內向的雪人。

發現至今已過了一百多年，然而仍無法查明雪人究竟是什麼生物。並木伸一郎在該書中提出三種看法，認為雪人有可能是殘存至今的巨猿（Gigantopithecus，已滅絕的一種靈長類）、棕熊，或是倖存下來的尼安德塔人（Neanderthal）。

一目國民
Yi Mu Kuo Yan

他們是中國古代地理誌《山海經》裡介紹的一目國居民。顧名思義，他們的臉部中央只有一隻眼睛，彷彿是獨眼巨人（➡四十頁）的同類。

順帶一提，在《山海經》第八卷〈外北經〉裡，除了獨眼外還可見到「有手腳」這種理所當然的說明。《山海經‧列仙傳》的日文版譯者前野直彬在註釋中提到，這條說明有可能是寫錯字了。

野人
Wild Man

這是流傳於各國的亞人種，名稱為「野生的人」之意。法語稱為「Homme Sauvage」，義大利語稱為「Uomo Selvatico」，德語稱為「Wilder Mann」。在日本，山男（➡二百三十七頁）是最接近野人的亞人種。

在民間傳說裡是指「棲息在山裡、毛茸茸的人類」，他們大多全身是毛，並拿著象徵野生的棍棒。有些傳說認為他們聽得懂人話，抑或無法說話，甚至具有超越人類的怪力。

《圖說歐洲怪物文化誌事典》的作者松平俊久提出以下看法：亞洲或非洲類人猿的故事流傳到歐洲時都會遭到曲解，繼而影響野人的形象。而且，這種形象深植於中世紀歐洲人的心，當時宮廷還流行裝扮成野人突然出現在慶祝會上嚇唬參加宴會的人。另外，德國與瑞士的民眾會在慶典上跳「野人舞」，即使到了現代，瑞士巴塞爾（Basel）等地舉行的慶典，仍可在變裝遊行中看到野人的身影。

烏爾加魯
Wulgaru

澳洲土著的傳說裡，有一種用樹幹削成的人工生命，叫做「烏爾加魯」。這種人偶是用石頭和木頭做關節，以小石頭為眼睛，用石塊製成牙齒，接著再以魔法賦予生命。

烏爾加魯的製作者沒能成功施展「賦予生命的魔法」，因而煩躁地踢飛了未完成的烏爾加魯。結果烏爾加魯神情邪惡地動了起來，追逐製作者並嚇唬他。之後，烏爾加魯便開始吃掉破壞部族規定的壞人。

創作世界裡的亞人種小事典

「創作世界裡的亞人種小事典」，
收錄的並非是神話或傳說中自古便存在的種族，
而是介紹 40 種由遊戲、
小說等現代奇幻作品所創造出來的亞人種。

貓人（Catfolk）

《龍與地下城》

他們有著混合人類與貓科動物的外觀，身體為擁有強韌肌肉的人類，頭部則類似貓科動物，並生有鬍毛。男性會將濃密的毛髮綁成辮子，女性則整理成短髮。

另一項外觀特徵為身體上的花紋，各部族的紋樣皆不相同，有獅子、老虎、獵豹等種類。他們的敏捷度如貓科動物般優越，手上有銳利的爪子，但不如貓科動物般強韌，徒手戰鬥能力跟人類沒什麼差別。

基本上貓人是以部族為單位行動，在草原上過著狩獵生活。有的部族態度友好，有的部族較為排他，態度各有不同，不過這會隨著認識與交往該部族貓人的方式而改變。

大多數的貓人屬於全力以赴型，無論做任何事，都會在短時間內投入所有精力完成工作。此外，他們還有一種習慣，就是為祈求戰事順利或打獵成功，會把護身符或圖騰編進自己的頭髮裡。

他們專屬的共通語言為「貓語」。各部族皆有方言，可用來表示貓人的出身地。

奇丁人（Chitine）

《龍與地下城》

這是一支兼具蜘蛛與人類特徵的亞人種，為卓爾精靈（亦即黑暗精靈➡一百八十四頁）利用魔法合成的種族。當初的目標是想製造完美的奴隸種族，結果計畫失敗而誕生出奇丁人。

他們的祖先是人形生物，經過駭人的交配與魔法改良，才變成現在這樣有著四隻手、外表宛如蜘蛛的怪異模樣。

之後，一部分的奇丁人躲過監視，逃離製造他們的卓爾精靈。少數奇丁人獲得自由，成功打下自己的地盤。如今，他們生活在費倫大陸的地下世界幽暗地域裡。

一般而言，奇丁人是文靜的工匠，如同人類使用石頭或木材那般，他們用絲線建造房屋、塔、要塞等建築物。這種習性跟蜘蛛如出一轍。

不過，他們也是投機主義者，個性自私自利，有著「為了生存不惜背叛」的狡猾一面。

另外，儘管製造他們的卓爾精靈立場等同於父母，也許是仍放不下奴隸時期的仇恨之故，雙方依舊處於敵對關係。雖然雙方同樣信奉蜘蛛女神，奇丁人的恨意仍根深蒂固。

星界使徒（Deva）

《龍與地下城》

此為沒有特定形體、永遠不死的光靈獲得肉體後的模樣。基本上為人形，猶如天使般背上生有小翅膀，不過也有星界使徒沒長翅膀。

許久以前，他們為了對抗妖魔的軍隊而自行進化獲得肉體，變成現在的模樣。得到肉體後，壽命便有了限制，不過星界使徒死亡後仍能保留記憶與經驗進行轉生。這時，他們會以體能足以戰鬥的成人模樣誕生，因此看不到兒童模樣的星界使徒。

他們就這樣不斷轉生，一直活到達成帶給世界光明的使命為止。

然而，長期停留在物質世界後，陸續出現因各種理由而使心靈遭邪惡汙染的星界使徒。他們有著黑色翅膀，重生為與同胞敵對的「墮落之星」。若在這種狀態下死亡，就會帶著邪惡之心轉生為不死生物。變成不死生物的星界使徒一旦因光輝的力量而死，就會變成妖魔的後裔——邪惡種族邪獸鬼（Rakshasa）。也許是因為這樣一來就喪失了「星界使徒」的本質，就連化為墮落之星的星界使徒也會害怕變成邪獸鬼。

魔劍龍人（Drake）

《劍之世界2.0》

他們是與魔劍共生的高貴種族。頭上有數根角，背後有類似西洋龍的翅膀，為人形亞人種。

魔劍龍人為卵生種族，大多帶著魔劍出生。這把魔劍與自己的生命同等價值，也是陪伴自己 生的重要搭檔。魔劍一旦損壞，持有者也多半會死亡。出生時沒有魔劍的魔劍龍人被視為可恥的存在，大多一出生就會遭到殺害，因此未攜帶魔劍的魔劍龍人極為罕見。

森林精靈（Dryad）

《龍與地下城》

她們住在杳無人煙的森林裡，模樣有如精靈（➡十四頁）的少女。總而言之，這是以希臘神話裡的木精德琉雅絲為範本創造出來的生物。

皮膚有如打磨過的樹皮或上等木材，髮型像茂密樹葉般呈現狂野的氣質。對其他的森林居民來說同樣是神祕、充滿謎團的存在。

她們是由樹木分裂所生，獨自一人生活，鮮少與其他人交流。不過，也是有同一個地方誕生出七名森林精靈，大家過著團體生活的情況。

森林精靈的生態仍有許多待解之謎，不過大家都知道，她們抱持著保護森林免於砍伐者破壞的使命感。森林精靈也會跟企圖從自己生活的森林伐得木材的其他種族起爭執，這時她們會誘惑進入森林的冒險者，要他們幫忙驅趕那些外敵（即使對方沒有惡意）。

另外，也有傳說指出她們會誘惑英俊的精靈或人類男性並把人抓走。只不過，她們從不與他人有所交流，是否真有此事仍是個疑問，這也極有可能是胡謅的謠言。

雅靈（Eladrin）

《龍與地下城》

這是一支耳朵細長前端漸尖、模樣跟人類幾乎相同的亞人種。身材比人類纖細，體毛也很稀疏。膚色白皙，頭髮為直髮，以白髮、銀髮、金髮者居多。生長情形跟人類一樣，成年後老化速度就變得極為緩慢，維持肉體的年輕度。之後也鮮少生病，可活三百年之久。

他們過著與自然緊密結合的生活，也會使用魔法。只要使用這項能力，就能越過故鄉的世界和另一個世界之間的次元邊境。

仙子（Fee）

《劍之世界2.0》

他們原是一種妖精，後來在某種因素下成為擁有強烈自我的亞人種。外觀與《魔戒》裡的精靈（➡十四頁）很像。

他們沒有性別之分，不過可從個性和身體特徵區分為男性或女性，也能夠跟其他人種的異性談戀愛，但是無法生子。體重約人類的四分之一，移動時略微飄浮在地面上。壽命長達二百歲，面臨死亡時身體會逐漸分解，最後融入空氣中消失。

螢石人（Fluorite）

《劍之世界2.0》

他們是肉體宛如無一絲縫隙、透明礦石的礦石人。

不可思議的是，螢石人的肉體摸起來有礦石特有的硬度，但當他們按自己的意志活動時，肉體就跟人類一樣可以順暢地行動。

螢石人在地底度過童年時期，直到某天才突然浮上地面開始生活。他們稱這種情況為「出土」或「離巢」。螢石人在地底度過很長的時間，可想而知他們完全不需要水、食物、空氣等人類生存必需品就能活下去。不過他們有味覺，所以能跟人類一樣享受飲食的滋味。

壽命長達四百歲，死亡時肉體就像是變回礦石般粉碎四散，為這段人生劃下句點。

螢石人的身體是由高透明度的礦石構成。因此若不仔細看，就分辨不出他們的體格或表情。不過可以在頭頂打光，藉由燈色判斷螢石人的情緒。

此外，構成身體的礦石含有大量的魔力（使用魔法時必備的要素）。使用魔法時，只要牽引出礦石裡的魔力就能比常人使用更久的時間。

弗米蟻族（Formian）

《龍與地下城》

這是一支外形如巨大螞蟻的亞人種，以守序的次元界「機械境（Mechanus）」為根據地。他們就像是保留較多螞蟻特徵的妙爾米頓人（➡一百三十頁），每個弗米蟻身上都包覆著紅褐色的甲殼，大小形狀各有差異。

「Formian」意為「蟻輩」，跟螞蟻一樣採取有組織的行動。頗具攻擊性，他們拓展殖民地搶奪各種東西，對於所有不會動搖自身秩序的事物，全部按徹底的擴張主義採取行動。

地底侏儒（Gnome）

《龍與地下城》

身材矮小的地底侏儒容貌酷似人類，但就算成年了身高仍比人類還矮。他們是一支極為外向人方的種族，活動範圍很廣。也有人說他們是坎德人（➡二百五十五頁）的祖先。

地底侏儒對於知識與祕密有很強烈的探究欲，無論多微不足道的情報他們都能找出價值。這股追求知識的欲望，以及一板一眼又謹慎的個性，讓他們在圖書館員、會計師、吟遊詩人、鍊金術師等職業上得以發揮卓越的能力。

不過，可能是這股欲望過強的緣故，亦有不少地底侏儒從事間諜之類的諜報活動，或參與運用自己所知的消息所設下的陰謀。

總之無論好壞方面，地底侏儒都是一支喜歡知識、祕密、陰謀這類事物的種族。

地底侏儒沒有自己的國家，而是在世界各地生活。他們的故鄉是廣為世人所知的知識儲藏庫與學習場所，在這裡生活的地底侏儒都是優秀的船匠。

此外，他們也是實力高超的技術員，其結合元素的技術相當熟練，能夠運用傑出的鍊金術為自己打造的船隻產生動力。

歌利亞人（Goliath）

《龍與地下城》

這支亞人種個子很高，體格如岩石般強壯，散發猶如巨人般的存在感。外觀特徵是宛如礦石的蒼白皮膚上到處都有斑點。

歌利亞人是一支狩獵民族，他們用在山岳打獵取得的毛皮、獸肉以及工藝品跟巨人族或矮人族交易維生，儘管人數不多，他們仍對自族建立起的漫長歷史相當自豪。

人數稀少的原因，在於從前巨人族崛起時，他們的故鄉遭到侵略，來不及逃走的就變成巨人族的奴隸。可能是因為當時俘虜遭受的待遇相當惡劣，淪為奴隸的歌利亞人大多沒能留下子孫就死亡了。

逃出巨人手掌心的，則跟從前一樣在遠離文明社會的山岳地帶堅守傳統。他們懷著這份驕傲，尊敬大自然的原始力量，並將之化為自己的力量。

順帶一提，直到現在，巨人還是會綁架歌利亞人當作奴隸使喚。為了對抗他們，於是誕生出「歌利亞人解放者」這項職業。他們擅長隱密行動，是從巨人手中救出包含歌利亞人在內所有人質的專家。他們有半數曾是巨人的奴隸，因此常常活用自身經驗行動。

逐草矮人（Grass runner）

《劍之世界2.0》

這是一支模樣如人類兒童的種族，成人身高也不過一百公分左右。耳朵略尖，除此之外跟人類兒童沒有差別。

他們的個性非常活潑，是出了名的無論何時都不忘唱歌跳舞的種族，歌唱與繪畫等藝術方面的才能相當出色。他們熱愛流浪，除了小孩出生至獨立的這段短暫期間以外，他們總是到處旅行。因此，種族的歷史與文化並未留下太多記錄，如果沒有其他種族的專家進行研究，逐草矮人就一直是個神祕的種族。

壽命約二百歲，但壽終正寢的逐草矮人極少。原因在於他們好奇心強，時常不顧危險只為滿足好奇心。

至於逐草矮人的缺點，就是「手腳不乾淨」。他們會在沒有惡意的情況下，把自己覺得稀奇的物品據為己有。這一點很像《龍與地下城》裡的小矮人坎德人（➡二百五十五頁）。不過，他們沒有惡意，而且有恩必報重情義，還會大方將自己不需要但很有價值的東西送給別人，因此沒有人討厭逐草矮人這個種族。

石盲蠻族（Grimlock）

《龍與地下城》

這是一支肌肉發達的亞人種，住在《龍與地下城》的托瑞爾星（Abeir-Toril）內，費倫大陸地底的黑暗世界「幽暗地域」裡。幾千年來生活在漆黑的場所，使得他們雙眼全盲。不過，他們具備其他種族模仿不來的模擬視覺，即使在黑暗中也能利用這項能力順利生活。

基本上他們喜歡孤立，容易陷入食物與水遭其他種族搶奪，飢餓過度而導致自暴自棄攻擊其他種族的惡性循環。這種時候，他們也會為了新鮮生肉（尤其是人類的肉）而出現在地面上。

石盲蠻族的思考模式很直接，打獵時也不會擬定策略，而是直接追逐獵物。或許是想法單純的緣故，對於「決定一起打獵的夥伴」，他們會採取如多年好友般的態度。那種「夥伴的命就是自己的命」的捨身態度一點也不像是野蠻人。

另外，石盲蠻族有時會以其他種族的奴隸身分集體出現。率領他們的，是更厲害的梅杜莎（➡二百五十七頁）或奪心魔（Mind Flayer）這類智能比石盲蠻族高的生物。

蓋丁天族（Guardinal）

《龍與地下城》

渾身肌肉的亞人種。最大的特徵為生有取代雙手的大翅膀。臉部為人類，頭部覆蓋羽毛，腳部則有抓握力強勁的鉤爪。身高大約七呎（約二百一十公分），不過骨頭中空，因此體重非常輕，不到一百二十磅（約五十四公斤），能在空中飛行自如。

此外，大翅膀中間附有小手，張開翅膀就能跟人類一樣用手做事。金色的雙眼可看到十英里（十六公里）之遠。

高等精靈（High Elf）

《妖精之森：蒂德莉特物語》

這是小說《羅德斯島戰記》的舞臺佛賽列亞世界裡，高等品種的精靈。一般的精靈可活數百年，高等精靈的壽命則沒有界限。與其說是生物，他們的存在更近似妖精。人數極少，能夠稱為聚落的地方只有位在羅德斯島上的「不歸之森」。

聚落的長老叫做魯瑪斯，是其中一位在妖精界出生的純正高等精靈，地位比在物質界（人類生活的世界）誕生的高等精靈還高。

半身人（Halfling）

《龍與地下城》

這是身高為人類的一半，外表跟人類沒兩樣的亞人種。他們住在廣大平原上過著游牧生活，騎乘飼養的恐龍活動。半身人不會劃地為王，也不會侵略其他種族生活的區域。不過，半身人天生擁有旺盛的好奇心，因此他們會在世界各地拓展活動範圍。

話術高超、頭腦機靈的他們無論走到哪裡都能適應。他們大多發揮游牧民族的特性，從事行腳商人或送貨員之類的工作，後來也有半身人成為傑出的政治家或律師。

高等人類（High Man）

《劍之世界2.0》

這是人類改良人類而成的亞人種，居住在日製桌上RPG遊戲《劍之世界2.0》的舞臺——拉庫西亞世界。外觀跟人類沒有兩樣，不過他們有著散發神祕氣質的白髮與白皙膚色，容貌比人類還美。

高等人類，是為了創造更完美的人類而利用古代魔法文明所製造出來的種族，此外並以人為方式強化掌控魔法的能力。他們是智能極高的人種，但體能卻成反比變得極差。壽命更縮減至人類的三成左右（平均三十歲）。壽命已盡的高等人類通常是心臟突然停止而死，猶如被風吹熄的蠟燭。

高等人類有時會想起前世的記憶，這點亦有助於他們生存下去。此外，對於短命的高等人類來說，能夠想起前世的記憶，讓他們抱持著一種「死後能夠轉生」的希望。

絕大多數的高等人類都在研究魔法的機構工作，但短命的他們很難擔任重要職務。此外，他們體能差，成為冒險者去旅行的極少，不過由於高等人類擁有高超的魔法實力，使他們很受到冒險夥伴的信賴。

混血食人魔（Half-Ogre）

《龍與地下城》

這是人類與體格壯碩的食人魔（➡八十四頁）混血而成的亞人種，外觀較為近似食人魔。肉體繼承食人魔的特質，不只強韌還有著超乎尋常的肌力。

一般而言絕大多數的混血食人魔智力頗低，而且非常沒耐心。混血半獸人同樣是混血種亞人，他們能夠理解「替代方案」這種概念，不過絕大多數的混血食人魔連「替代方案」是什麼都搞不懂。

混血食人魔大多生活在人類或食人魔的社會，但對於缺乏自制力的人而言，要在擁有文明的土地上生活是一件很困難的事。

不過，他們不像混血半獸人那樣，在生存的社會中慘遭迫害。這要歸功於人類肯定食人魔的肌力和強壯程度，而食人魔肯定人類的智慧與適應力，以及承平之時雙方都會進行交易等交流活動。

他們多半喜歡吃東西、喝酒、自吹自擂、摔角、粗野的舞蹈等單純的娛樂。混血食人魔自認歌喉不錯，只是並無種族認同這項說法。至於詩歌、宮廷舞蹈、哲學等優雅的娛樂，混血食人魔則認為這些只會使自己成為笑柄。

混血半獸人（Half-Orc）

《龍與地下城》

顧名思義，就是人類與半獸人混血而成的種族，數量並不多。由於人數實在太少，甚至還有人忍不住懷疑「搞不好全世界只有自己是混血半獸人」。

他們身材壯碩，臂力如半獸人那般超群出眾，至於外觀則近似人類。

基本上，他們都在人煙稀少的地區建立屬於自己的生活圈。事實上，在人類社會生存的混血半獸人，總是遭到厭惡半獸人者的迫害，跟半獸人部族一起生活的混血半獸人也是相同的待遇。

由於雙方都會迫害他們，使得他們的個性變得較為內向。

大多數的混血半獸人是人類與半獸人交配所生的禁忌之子，少部分則是在督伊德教徒（Druid）的促成下誕生。督伊德教徒想知道異族雜交是否能生出比雙親優秀的孩子，如果後代優秀就把自己的傳統託付給該種族。

不管如何，混血半獸人總數少，又受到人類與半獸人的歧視，因此社會地位並不高。

坎德人（Kender）

《龍與地下城》

這是一支嬌小的種族，成年男性的身高也只有一百二十公分。外觀跟人類差不多，唯耳朵如精靈（⬇十四頁）般略尖。

在《最後歸宿旅店遺聞：龍槍導覽》中記載，坎德人是一支好奇心旺盛的種族，為滿足好奇心而到處流浪。因此，他們不會停留在一個定點建立大家庭。他們的本性善良誠實，不過其他種族認為他們是天生的盜賊。坎德人不排斥「借用」他人的物品，卻因此被當成小偷看待，這點讓他們很受傷。坎德人認為自己只是借用「喜歡的東西」，並沒有偷竊。

造訪過坎德人聚落的其他種族，最先產生的念頭就是：「再也不想在這種地方久留」。根據某位人士的證詞，他在一天之內就遇到十幾次的失竊情況，而且其中一次的犯人還是負責維持治安的警察，讓他大吃一驚。此外，充滿好奇心的坎德人狂問他問題，但當他提出問題時，對方卻用半帶玩笑的謊言打馬虎眼。有個商人聽了坎德人說「由於聚落有一半的居民都不在，才想讓母斯芬克斯擔任市長，剩下的居民則去尋找不在的族人」這種不知是真是假的答覆後，暗自向神泣訴：「早知道要來這種地方不如把他給殺了。」

拉彌亞（Lamia）

《劍之世界2.0》

這是一支只有女性存在的亞人種，下半身為大蛇，上半身為貌美如花的女性。成年的拉彌亞蛇身可長到二～三公尺左右。壽命長達一百歲，當她們滿二十歲，且生長告一段落後，就能一直保有美貌不會衰老。

雖然是模樣近似厄琪德娜（⬇二百二十三頁）的怪物，不過拉彌亞的數量很多，也具備固有文化與歷史。

為了活下去，她們每二週至少要吸一次人類的血（基本上一天只要攝取一口血就能存活），因此大多會使用變身能力化為人形，潛伏在人類的城鎮中。不過，一天只能變身十八個小時，萬一暴露身分，極有可能被當成與人類為敵的蠻族而遭到殺害。

由於拉彌亞是依附人類而活，所以也有不少拉彌亞與人類相戀，忘了原本的目的而融入人類的社會。她們可說是容易墜入情網的種族。

拉彌亞若與其他人種生子，並不會發生混血的情況，她們的孩子有極低的機率會生為丈夫的人種，反之多為拉彌亞。若生為拉彌亞，上半身的模樣則容易受到丈夫所屬人種的影響。

拉瓦（Larva）
《劍之世界2.0》

這是由吸血鬼與人類所生的亞人種。他們看起來像是膚色白皙的人類，扣除眼睛會在夜晚綻放紅光這點，其實外貌跟普通人類並無太大差異。不過，拉瓦並非是普通的混血兒，他們也有自己專屬的特徵，難以將他們歸類為人類或吸血鬼。

絕大多數的拉瓦，都是男性吸血鬼與人類女性所生。吸血鬼都是透過「血吻」的儀式，把人類變成同胞來增加同伴，不過也有特立獨行的吸血鬼與人類女性交合，產下的孩子就是拉瓦。吸血鬼認為透過性交生子是一種下流行為，而拉瓦的雙親不顧自己會遭受迫害也要生下孩子，可見他們之間是有愛情的成分存在。

拉瓦是在母親居住的人類世界成長的，蔑視他們為「蟲子」的吸血鬼不易將魔爪伸到這裡。他們的壽命大約三百歲，有些拉瓦死後會轉生為吸血鬼。這時他們會變成真正的吸血鬼，身心都與人類為敵。不過，只要喝下吸血鬼的鮮血就能以人類身分壽終正寢，因此不少拉瓦善用超強的體能，從事吸血鬼獵人這一行。

翼蛇人（Lillend）
《龍與地下城》

這支亞人種有著人類或精靈（➡十四頁）女性的上半身，下半身為美麗耀眼的大蛇，背後生有帶花紋的鳥類翅膀。

另外，上半身為男性的翼蛇人幾乎不存在，因此通常被視為以女性為主的種族。

翼蛇人熱愛音樂與藝術，認為金錢和食物等一般人生存所需的重要之物不具任何價值。基本上翼蛇人是一支溫和的種族，不過她們會報復傷害優秀藝術品與傑出藝術家的人。而且一旦被惹火就會死纏著對方不放，這點也成了翼蛇人為數不多的惡名之一。

她們對大自然的愛不亞於藝術，亦有棲息在尚未受到文明洗禮的土地、並加以保護的習性。翼蛇人是來自另一個次元「約瑟園（Ysgard）」世界的生物，她們回想起故鄉的美麗大自然，才會有這種行為。

若想汙染翼蛇人保護的土地就要有心理準備，因為要面對的對手不只激憤的她們。為了保護大自然，翼蛇人也懂得與志同道合的種族合作，一同對抗外敵。

獸化人（Lycanthrope）

《劍之世界2.0》

這支亞人種可變身為人類形態，以及站立的狼或老虎等動物形態。他們具備超強體能，變成動物形態時，如果不使用銀製武器等特定工具就很難傷害他們。

以前獸化人是透過生殖行為來繁衍後代，但是在不知不覺間，他們卻無法再透過交配增加子孫。因此他們會抓走成年人類，利用變成獸化人的儀式增加同伴，或許是得用這種特殊方法增加人口的緣故，獸化人的數量極少，幾乎有面臨滅亡的危機。

獸化人在人煙稀少的地方形成聚落社會，與其他種族的交流少得可憐，是出了名的排外種族。至於聚落的經營方式，則是召集年長者以合議制決定各種大小事。就連要增加變成獸化人的人類（犧牲者）時，也是由年長者們討論決定。年輕人接受他們的決定後，就潛伏於人類治理的城鎮，抓走有望成為同伴的人類。

此外，用來增加新同伴的儀式只有部分年長者知道，他們僅以口傳方式傳承儀式內容。

梅杜莎（Medusa）

《龍與地下城》

這是一支全身被覆蛇鱗的亞人種。梅杜莎有著一頭蛇髮，蛇不停在頭上竄動。

模樣與傳說裡的梅杜莎（➡二百三十六頁）相近，不過這個種族為完全人形，而且也有男性存在。他們在《龍與地下城》創造的「艾伯倫（Eberron）」世界裡建立繁榮的獨立國家。女性可用視線將對手石化，男性則可用毒汙染對手精神與肉體來捕獲獵物。

類人魚族（Merfolk）
《龍與地下城》

他們上半身為人類，下半身則以近似大魚的有鱗尾鰭取代雙腳。身高約兩百四十公分左右，體重約一百八十公斤。無論男女都會佩戴貝殼或珊瑚等可在海中採到的裝飾品。

他們喜歡在岩石上做日光浴，是很活潑的海洋居民。雖然類人魚族對陸上的居民抱持戒心，但基本上只要對方不危害自己，他們就不會採取敵對的態度。不過，他們常把遇到的冒險者當成惡作劇的對象，殘酷地對待他們。

喵奇斯（Miacis）
《劍之世界2.0》

這支亞人種看起來就像是長有貓耳和細長尾巴的人類。在《劍之世界2.0》眾亞人種之中，喵奇斯是個充滿謎團的人種，關於他們的起源仍只有臆測、傳說的說法。

一般而言，他們的個性如貓般陰晴不定且喜歡惡作劇，具備出眾的體能。

喵奇斯可把自己變成真正的貓和人形兩種形態，當他們變成貓時，模樣逼真到難以分辨真假。從前他們在山中或森林等與世隔絕的地方生活，即使來到村落可能也是以貓的模樣出現。因此只能等他們變成人形，光明正大地現身，才有辦法發現他們的存在。

喵奇斯的壽命大約六十歲，出生時為貓的模樣，長到三～五歲後就能變身為人形，且從此就能隨心所欲在兩者間變換，所以也有喵奇斯化身為貓給其他人種飼養。不過，由於貓的壽命之故，因此得換好幾位飼主。

亦有不少人善用喵奇斯可變成貓的優點，僱用他們當間諜。不過，接觸重要情報的人擔心這一點，因此多半敬貓而遠之。

夢魘（Nightmare）
《劍之世界2.0》

夢魘是「汙穢靈魂」寄宿在胎兒上所誕生出來的突變種亞人。他們可從人類、精靈、矮人、里爾龍人（參照龍男➡一百九十頁）這四個種族誕生。

無論是從哪個種族誕生出來的，外觀都是頭部長有一～二根小角的人類模樣。頭上的角在生產時會傷害母體，因此成為眾人迫害的對象。越是資訊不發達的鄉下，這種傾向就越嚴重。

另外，他們可利用「異貌」的能力徹底變身為怪物。

皮膚變成藍色，角則變大扭曲，模樣令人聯想到惡魔，體能也會隨之強化。他們還是胎兒時就已處於異貌狀態，因此也有人說這才是他們真正的模樣。

成年後不會老化，壽命大約二百歲，但是這項資料也不見得可信。絕大多數的夢魔都因為遭受迫害而早逝，據傳有夢魔活了數千年之久，但傳說是真是假仍然不明。

另外，只有從里爾龍人族誕生的夢魔不受迫害，而被當成「有點怪的孩子」養育，因此跟其他夢魔相比較容易養成開朗的個性。

鬼（Oni）

《龍與地下城》

這是一支頭上長著兩根尖角，嘴裡有尖牙的大型亞人種。外觀特徵近似食人魔（➡八十四頁），但兩者是截然不同的種族。他們最愛吃具備知性的生物的肉，常潛入城鎮或村落吃人。具有魔法的力量，能夠化身為其他種族或是變成霧狀。

順帶一提，在《基本規則書第四版》的插圖中，鬼看起來像是雙肩裝備大袖（保護肩膀至上臂部位的盾狀防具）的武士。

盧恩人（Rune folk）

《劍之世界2.0》

在《劍之世界2.0》的舞臺拉庫西亞，他們是依照曾經繁榮的上古人種所創造出來的人造人。就連靈魂，也都是人類所製造出來的，出於光憑外觀難以跟人類做區別，故在脖子或頭部等部位埋了金屬製的零件。壽命約五十歲，他們一出生就是成人，到死都保持相同的容貌。除此之外，他們還有一項特色，就是死後肉體也不會腐爛，可永久保存下來。

盧恩人團著太古製造的盧恩人製造機（Generator）形成聚落，定期創造新同伴增加人口。他們若與異性相戀，可把雙方身體的一部分放進盧恩人製造機裡，以模擬的形式製造孩子。對他們而言，這是一種能獲得周遭祝福的神聖儀式。

盧恩人的出現，原本定位於消耗品，用來從事礦山開發等危險工作，或是送到戰爭的最前線作戰。然而不知不覺間，他們有了跟人類一樣的感情與知性，地位等同奴隸的盧恩人甚至還發起承認其人權的運動。

也許是有過這段歷史的緣故，大多數的盧恩人不是服侍自己認定的主人，就是為了幫助他人而旅行。整個種族都在研究能為主人盡一份力的技術，這也成為他們特有的文化，並綿延不息的傳承給新誕生的盧恩人。

影人（Shadow）

《劍之世界2.0》

這是一支額頭上有第三隻眼的異形亞人種。顧名思義，他們的皮膚呈灰褐色，細瘦的身體具備超群的體能，被評為天生的密探。不少影人善用這項能力，在各地從事傭兵這一行。

影人工作與閒暇時的性格反差極大。在戰場上他們默默執行任務，休假時來到酒吧就變得活潑愛起鬨，常令見過他們平常模樣的人驚訝不已。

混血獸化人（Shifter）

《龍與地下城》

他們是人類與獸化人（➡二百五十七頁）混血留下的子孫，外觀像人但帶有野獸的特徵，是一支體能超群的亞人種，有時也稱為「獸化裔（Weretouched）」。

混血獸化人的個性強烈反映出獸化人的血統，他們的行動都是基於動物的本性。混血獸化人大多粗野魯莽，但是當中也不乏穩重的、有小聰明的或是喜歡孤獨的人。

他們通常是以狩獵或獵物的觀點去思考各種行為，並如獸化人或肉食動物般採取獵食性的行動，明顯展現出混血獸化人的動物特質。

另外，儘管他們無法像獸化人那樣能使肉體完全變成動物的模樣，但是只要進入「變形」這種能暫時將動物特徵具體化的狀態，就可以發揮優於人類的體能。

不過，這種野獸般的特質，使他們遭到許多種族忌諱，遭受迫害的情況也不少。混血獸化人把生存當成一種考驗，每天都努力讓自己成為獨立、適應性佳且極富機智的人。

石孩兒（Stonechild）

《龍與地下城》

這是將生命寄宿在岩石與土壤這類無生命物體上而成的亞人種。身體是以石頭和土壤為基礎組成，具備強大的肌力和堅韌度，還擁有敏銳的知性。

基本上，石孩兒鮮少建立自己的社會與同伴生活，成年之前他們都在矮人或人類的社會生存，成年後就以冒險者之姿啟程旅行。這種個性促使石孩兒較為喜歡山中或地底，不少結束旅行的石孩兒會定居在矮人生活的土地上。

萌兔人(Tabbit)

《劍之世界2.0》

這是一種外觀看起來彷彿以雙腳行走的巨大兔子玩偶，模樣非常可愛的亞人種。身高頂多一百公分，加上長耳也不過一百二十公分左右。

有別於可愛的外表，他們的智商極高，熱心探求學問與魔法等知識，是一支出了名的好奇心相當旺盛的種族。為了滿足自己的求知欲，不少萌兔人秉持「知識不會造成負擔」的信念而雲遊各地。萌兔人並沒有自己的聚落。不過，有些需要個人研究所的萌兔人會居住在人類的城鎮。

不愛群聚的萌兔人在結婚以及生子方面並不積極，再加上壽命很短，只有五十歲左右，導致全族人數相當稀少。不過，他們產下雙胞胎或三胞胎的機率非常高，小孩也很早熟，五年之內就能獨當一面，如此這個種族才能免於滅亡，保持一定的數量。

另外，萌兔人會尋求庇護者來對付外敵。他們的可愛外表，以及不令人討厭的孩子氣個性，總是能激起他人的保護欲，願意保護他們。

魔人(Tiefling)

《龍與地下城》

魔人的祖先原是人類貴族，他們與黑暗力量訂下契約，藉此獲得足以統治半個世界的龐大力量。他們的形體基本上與人類相同，但由於與祖先立約的黑暗力量，使得頭部長出巨大的山羊角，背後還有一條粗尾巴，那副異形模樣令人難以想像他們原是人類。

魔人的祖先追求知識、力量與不死能力，埋首於祕術之中。最後，他們與地獄之民惡魔訂立契約，得到所有想要的東西。

但是，用這種方式獲得的魔法力量遭到全世界的忌諱，使他們走向滅亡之路。他們統治的帝國已經滅亡，現在的勢力已衰退到沒有自己的領土。當時祖先分散世界各地，至於後裔則變成全世界所恐懼與排斥的對象，付出了極大的代價。

儘管面臨這種狀況，仍有不少魔人企圖復興過去那段邪惡但光榮的時代，而使用從惡魔那裡獲得的魔法力量。不過，當中也有心地善良，對祖先跟惡魔立約一事感到後悔，想擺脫黑暗力量束縛的人。

戰蜥人（Troglodyte）

《龍與地下城》

他們跟人類一樣直立行走，不過眼睛小如黑色亮珠，頭部為蜥蜴。特色為前頭部至頸根有滾邊狀肉冠，手臂細長但肌肉發達，外表近似爬蟲類。身高約一百五十公分，比人類矮一點，體重七十公斤左右。對話時使用龍語。

個性邪惡，跟最為惡劣的妖魔有得比，他們並不知性，性情十分凶暴且狡猾，常劫掠人類居住的土地，喜歡吃人形生物的肉。

佛肯人（Vulcan）

《劍之世界2.0》

這是一支人形種族，有著如公牛般粗壯的角、類似西洋龍的強韌翅膀、紅黑色的皮膚以及銳利的爪子。每個佛肯人的身高都有明顯差異，從一百八十公分到三公尺都有。但是，這種身高上的差距並非源自先天因素，而是經過嚴格的戰士訓練得來的結果。

佛肯人的雙手天生就帶有土和火屬性的寶石，經過修煉就可役使該屬性的妖精。因此他們也具備有妖精馴服師的素質。

他們大約二十歲左右成年。不過，佛肯人的「成年」是指成為獨當一面的戰士，如果不具有相當的實力，不管到了幾歲都不會被視為成年人。如果過了一定年紀仍無法「成年」，就會被當成不成熟者，一輩子遭到同胞輕蔑。畢竟對佛肯人而言，成為戰士是攸關種族存在意義的重要大事。

順帶一提，佛肯人的聚落位在杳無人煙的地底深處，所以一般人不清楚他們的生態，也有很多人從未見過他們。甚至還有人以為佛肯人是神話時代的種族，不知道他們現在仍然存在。

蛇人（Yuan-ti）

《龍與地下城》

這支亞人種據說是與蛇混血的人類後裔。身體有部分特徵跟蛇一致，有些人下半身為蛇尾，有些人全身被覆鱗片，有些人頂著蛇頭，儘管各有差異，光看外表就能知道對方是蛇人。

他們是非常邪惡的種族，所作所為與個性惡劣到足以留下傳說。整個種族都在策劃顛覆世界的陰謀，其中信仰闇神澤希爾（Zehir）的蛇舌教團狂熱信徒，更認為唯有他們才能統治全宇宙，野心相當龐大。

蛇人為達成這些邪惡目的而擬定縝密的計畫，並且不問手段殘忍地實行。

有必要的話，他們也願意跟其他的邪惡怪物聯手。不過這種協力體制是建立在盤算上，一旦有什麼意外，狡猾的他們只會保障自己的利益。

另外，蛇人與龍交配後，會生下「翼蛇龍（Ssvaklor）」這種像蛇的龍怪。他們缺乏蛇人那種精明的頭腦，但是繼承了邪惡的個性，樂於參與祖先蛇人的計畫。

戰俑（Warforged）

《龍與地下城》

這是由人類製造，作為戰爭武器使用的人形亞人種。擁有自我與知性，能夠自主行動。

不過，製造完成時戰爭早已結束，使得身為戰爭工具的他們喪失存在意義。大多數的戰俑找到自己的容身之處後，努力適應和平的時代。或許是這個緣故，他們也會煩惱自身的存在意義或是有無靈魂的問題，個性相當內省。

戰俑的身體相當魁梧，並覆蓋著金屬板和木板。骨骼是用金屬和木頭製成，用來支撐骨骼的肌肉組織則是木質纖維束。體內有血管，可將作為血液的養分與潤滑劑輸送至身體各處。同時，他們的雙手非常強壯，各有三根指頭，雙腳的腳尖分成兩半。每個戰俑的頭部都有獨一無二的「古拉（Ghulra）」刻印，可藉此辨識他們的身分。

戰俑還可應需求進行肉體改造，比方說增加或卸下手腳，因此他們的外觀各有不同。

此外，他們也有男女性別之分，只是很難分辨。不過，他們無法像其他的亞人種那般自然繁殖。

弱化者（Weakling）

《劍之世界2.0》

在《劍之世界2.0》的舞臺「拉庫西亞」中，這是支與人類為敵、突變後產生的特異亞人種。通稱「豆芽人」。他們是弱化雙親種族特徵的特殊個體，舉例來說，如果是可靠翅膀飛行的種族，他們的弱化者就會長出小到無法飛行的翅膀。

弱化者能力低弱，連親生父母都疏遠他們，儘管壽命長達百年，但是絕大多數的弱化者在壽終正寢前就會遭到殺害。

日製奇幻遊戲傑作——劍之世界RPG

《龍與地下城》於一九七四年發售，上市後大獲好評，在這個成功例子的影響下，純日本製奇幻RPG遊戲《劍之世界RPG》於一九八九年正式發售，並成為日本最普及的桌上RPG遊戲。

遊戲發售的前一年，水野良所著的《羅德斯島戰記》先行公開了這部作品的世界觀，隨著該書大賣，許多讀者紛紛踏入《劍之世界RPG》的世界。

作品的舞臺「佛賽列亞」是一個劍與魔法的世界，除了人類之外，還存在著精靈、矮人、混血精靈等充滿魅力的亞人種。這種採典型奇幻風格的世界觀設定受到玩家熱烈歡迎，因此創下空前的熱銷紀錄。

門檻較低也是受歡迎的主要原因之一。規則書為文庫本規格（相當於A6大小），只要到大一點的書店就能買到，因此能夠輕輕鬆鬆加入遊戲的行列。

另外，採用共同世界的形式，同時推出相同世界觀的輕小說，亦是人氣急速攀升的主要原因。這部作品就是以這樣的行銷手法奠定了基礎，多年來，陸續有新玩家投入這個虛擬世界「佛賽列亞」。

煥然一新的「2.0」

二〇〇八年，世界觀與規則皆煥然一新的《劍之世界2.0》正式發售。這款作品是以人族與蠻族之間的對立為主軸，設定新舞臺「拉庫西亞」的世界觀，跟前作相比增加不少嚴肅性。

至於最關鍵的亞人種則有許多新種族登場，總數量超越前作。本書自兩百一十四頁起的小事典裡介紹了許多該作品的亞人種，有興趣的讀者可以參考看看。

電子RPG的起源，《巫術》裡的亞人種

《巫術》是一九八一年發售的角色扮演電腦遊戲。是以第一人稱為視點，探索幽暗的迷宮，目標是打倒位在最深處的魔王。這款作品奠定了現今RPG遊戲的規則，稱之為RPG遊戲鼻祖一點也不為過。蒐集稀有道具、永無止境的角色培育等等，簡單卻又深奧的遊戲規則獲得全球玩家的喜愛與支持。

據說製作方面深受《Advanced Dungeons & Dragons》的影響，事實上，遊戲系統確實有許多共同之處。玩家可選擇的種族中，也包含精靈、矮人、地底侏儒等《AD&D》裡著名的亞人種。《巫術6》以後的版本亦有原創的亞人種登場，大幅增加玩家的選擇。

以下就簡單介紹《巫術》裡頗具特色的亞人種。

菲普爾族（Felpurr）

該亞人種就像是直接化成人形的貓。有著源自於祖先的輕巧身手。

在最近的作品中，菲普爾族的圖畫有些許變化，他們被畫成擁有貓耳、貓眼、貓尾巴，且模樣近似人類的亞人種。

姆克族（Mook）

來自太空的神祕種族。模樣宛如全身是毛的雪人。擅長的職業為超能力者，彷彿是在彰顯他們的神祕氣質。

拉沃夫族（Rawulf）

頂著狗頭的亞人種。也許是想反映出狗的健壯與忠實等特質，遊戲將他們設定成體力好且信仰虔誠的種族。

總索引

●桌遊

《Dungeons & Dragons》各種規則書
《イグニスブレイズ：ソード・ワールド2.0 キャラクター＆データブック》　北沢慶監修／田中公侍、グループSNE 著（富士見書房）
《カルディアグレイス：ソード・ワールド2.0 ルール＆データブック》　北沢慶監修／田中公侍、グループSNE 著（富士見書房）
《ソード・ワールドRPG　上級ルール》　清松みゆき、グループSNE（富士見書房）

●電影

《Tinker Bell》

●網站

・障害保健福祉研究情報システム　民話に見る障害者観　村勢雅子
http://www.dinf.ne.jp/doc/japanese/prdl/jsrd/rehab/r037/r037_022.html

・異形の図像学 - イタリア・ラヴェンナの怪物像をめぐって -
http://dspace.wul.waseda.ac.jp/dspace/handle/2065/33935

・酒呑童子神社 HP
http://www.week.co.jp/kankou/ 酒呑童子神社 /

・ホビージャパン《Dungeons & Dragons》　官方 HP
http://hobbyjapan.co.jp/dd/

・秋田県公式 HP　男鹿のなまはげ
http://www.pref.akita.jp/fpd/bunka/namahage.htm

・源平盛衰記　全文
http://www.j-texts.com/sheet/seisuik.html

・保元物語　「校註　日本文学大系」本
http://www.j-texts.com/chusei/gun/hogenall.html

・18 世紀以前のヨーロッパの「人魚」像：「セイレーン」から「マーメイド」へ
http://ir.lib.fukushima-u.ac.jp/dspace/handle/10270/3555

・Glorantha　官方 HP
http://www.glorantha.com/

●中文引用與參考資料

《魔戒前傳：哈比人歷險記》　J.R.R. Tolkien 著／朱學恆譯（聯經）
《魔戒 1 ～ 3》　J.R.R. Tolkien 著／朱學恆譯（聯經）
《精靈寶鑽　中土大陸的神話與傳奇》　J.R.R. Tolkien 著／Christopher Tolkien 編／鄧嘉宛譯（聯經）
《龍槍編年史 1 ～ 3》　Margaret Weis、Tracy Hickman 著／朱學恆譯（奇幻基地）
《納尼亞魔法王國 005　黎明行者號》　C.S. Lewis 著／林靜華譯（大田）
《巨人奇遇記》　François Rabelais 著／郭素芳編著（好讀）
《綠野仙蹤》　L. Frank Baum 著／朱文宜譯（寂天）
《奧茲國之堤普歷險記》　L. Frank Baum 著／羅婷以譯（全球華人）
《奧茲國之桃樂絲與奧茲魔法師》　L. Frank Baum 著／羅婷以譯（全球華人）
《妖精之森：蒂德莉特物語》　水野良著／哈泥蛙譯（蓋亞）
《羅德斯島戰記外傳　黑衣騎士》　水野良著／哈泥蛙譯（蓋亞）
《季羨林文集第 17 ～ 24 卷　羅摩衍那》　蟻垤著／季羨林譯（江西教育）
《印度古代史詩　摩訶婆羅多 1 ～ 6》　毗耶娑著／黃寶生等人譯（中國社會科學）

參考資料一覽

●書籍資料

《「アエネーイス」ローマ建国神話》　小野塚友吉譯（風濤社）
《アレクサンドロス大王物語》　Callisthenes 記／橋本隆夫譯（国文社）
《異界と日本人　第二章「源頼光と酒呑童子」》　小松和彦著（角川学芸出版）
《〈憩いのわが家〉亭遺聞：ドラゴンランス案内》　Margaret Weis 著／Tracy Hickman 編／安田均等人譯（富士見書房）
《インド神話》　Veronica Ions 著／酒井傳六譯（青土社）
《インド神話》　上村勝彦著（東京書籍）
《インド神話伝説辞典》　菅沼晃編（東京堂出版）
《ウィザードリィ画集》　（双葉社）
《エッダ　古代北欧歌謡集》　Snorri Sturluson 著／谷口幸男譯（新潮社）
《絵巻　大江山酒呑童子・芦引絵の世界》　逸翁美術館編（思文閣出版）
《オーストリアの民話　アルプスのびとの世界》　窪明子著（刀水書房）
《オズの魔法使い》　Lyman Frank Baum 著／William W. Denslow 繪／渡辺茂男譯（福音館書店）
《終わらざりし物語　上・下》　Christopher Tolkien 編／山下なるや譯（河出書房新社）
《怪物のルネサンス》　伊藤進著（河出書房新社）
《ガルガンチュワ大年代記》　渡辺一夫譯（筑摩書房）
《ガルガンチュアとパンタグリュエル》　François Rabelais 著／宮下志朗譯（筑摩書房）
《完訳　イリアス》　Homer 著／小野塚友吉譯（風濤社）
《「完訳オズの魔法使い」シリーズ》　Lyman Frank Baum 著／宮坂宏美譯（復刊ドットコム）
《吸血鬼の事典》　Matthew Bunson 著／松田和也譯（青土社）
《ギルガメシュ叙事詩》　月本昭男譯（岩波書店）
《ギリシア神話》　Apollodoros 著／高津春繁譯（岩波文庫）
《ギリシアの神話―神々の時代》　Károly Kerényi 著／植田兼義譯（中公文庫）
《ギリシア・ローマ神話》　Thomas Bulfinch 著／野上弥生子譯（岩波文庫）
《ギリシア・ローマ神話事典》　Michael Grant、John Hazel 著／木宮直仁、西田実、入江和生、中道子、丹羽隆子譯（大修館書店）
《ギリシア・ローマ世界地誌Ｉ～II》　Strabo 著／飯尾都人譯（龍溪書舎）
《鞍馬天狗読本》　大佛次郎記念館編（文藝春秋）
《結婚の原型　異類婚譚の起源》　高橋康雄著（北宋社）
《ケルトの神話　女神と英雄と妖精と》　井村君江著（ちくま文庫）
《犬人怪物の神話　西欧、インド、中国文化圏におけるドッグマン伝承》　David Gordon White 著／金利光譯（工作舎）
《皇帝の閑暇》　Gervasii Tilberiensis 著／池上俊一譯（青土社）
《筑摩世界文学大系１　古代オリエント集》　（筑摩書房）
《酒呑童子の誕生》　高橋昌明著（中公新書）
《シルマリルの物語》　J.R.R. Tolkien 著／田中明子譯（評論社）
《信州の民話伝説集成　南信編》　宮下和男著（一草舎）
《シンポジウム　日本の神話３　出雲神話》　伊藤清司主持、編輯（学生社）
《神話伝説大系第五巻北欧篇》　澤令花編（近代社）
《スウェーデン民話名作集Ｉ～III》　藪下紘一譯（春風社）
《スウェーデンの民話》　Lone Thygesen Blecher、George Blecher 著／米原まり子譯（青土社）
《図説世界未確認生物事典》　笹間良彦著（柏書房）
《図説天使百科事典》　Rosemary Ellen Guiley 著／大出健譯（原書房）
《図説ヨーロッパ怪物文化誌事典》　蔵持不三也、松平俊久著（原書房）
《世界神話辞典》　Arthur Cotterell 著／左近司祥子、宮元啓一、瀬戸井厚子、伊藤克巳、山口拓夢、左近司彩子譯（柏書房）
《世界の怪物・神獣事典》　Carol Rose 著／松村一男監譯（原書房）
《世界の神話伝説　総解説》　（自由國民社）
《世界の民話４　東欧Ｉ》　（ぎょうせい）
《世界の妖精・妖怪事典》　Carol Rose 著／松村一男監譯（原書房）
《全釈漢文大系 33　山海経・列仙伝》　前野直彬譯（集英社）
《先住民と差別》　喜田貞吉著／礫川全次編（河出書房新社）
《仙台叢書　第 12 巻》　（宝文堂）
《天狗はどこから来たか》　杉原たく哉著（大修館書店）
《東方見聞録》　Marco Polo 著／青木富太郎譯（社会思想社）
《東方旅行記》　J. Mandeville 著／大場正史譯（東洋文庫）
《東北の田村語り》　阿部幹男著（三弥井出版）
《トールキン指輪物語事典》　David Day 著／Peter Milward 編／仁保真佐子譯（原書房）
《トールキン指輪物語伝説》　David Day 著／塩崎麻彩子譯（原書房）
《ナルニア国物語　朝びらき丸　東の海へ》　C.S. Lewis 著／瀬田貞二譯（岩波書店）
《日本人の神》　大野晋著（新潮文庫）
《ハディース　イスラーム伝承集成》　牧野信也譯（中公文庫）
《バビロニア　アッシリア　パレスチナの神話伝説》　松村武雄編（名著普及会）
《ピーター・パンとウェンディ》　J.M. Barrie 著／芹生一譯（偕成社文庫）
《飛行の古代史》　Berthold Laufer 著／杉本剛譯（博品社）
《フランス民話集Ｉ～II》　比較神話学研究チーム（中央大学出版部）
《プリニウス書簡集　ローマ帝国一貴紳の生活と信条》　Pliny the Younger 著／国原吉之助譯註（講談社学術文庫）
《プリニウスの博物誌Ｉ～III》　Pliny the Elder 著／中野定雄、中野里美、中野美代譯（雄山閣）
《ふるさとの伝説四　鬼・妖怪》（ぎょうせい）
《ヘロドトス》　松平千秋譯（筑摩書房）
《北欧神話》　菅原邦城著（東京書籍）
《北欧神話》　H.R. Ellis Davidson 著／米原まり子、一井知子譯（青土社）
《北欧神話の口承》　植田敏郎著（鷺の宮書房）
《北欧神話と伝説》　Vilhelm Gronbech 著／山室静譯（新潮社）
《北海道昔ばなし》　（北海道口承文芸研究会）
《ホメロス　英雄叙事詩とトロイア戦　「イリアス」と「オデュッセイア」を読む》　安達正著（彩流社）
《未確認動物 UMA 大全》　並木伸一郎著（学研）
《民衆史の遺産　第２巻　鬼》　谷川健一編（大和書房）
《ムーンチャイルド》　Aleister Crowley 著／江口之隆譯（創元推理文庫）
《メソポタミアの神々と空想動物》　Anthony Green 監修（山川出版社）
《メソポタミアの神話》　青木薫譯（丸善ブックス）
《もののけの正体》　原田実著（新潮新書）
《指輪物語１～６》　J.R.R. Tolkien 著／瀬田貞二、田中明子譯（評論社）
《指輪物語　追補編》　J.R.R. Tolkien 著／瀬田貞二、田中明子譯（評論社）
《妖怪事典》　村上健司著（毎日新聞社）
《妖怪・魔神・精霊の世界　四次元の幻境にキミを誘う》　山室静、山田野理夫、駒田信二代表（自由国民社）
《謡曲集二　風姿花伝》　（小学館）
《妖精学大全》　井村君江著（東京書籍）
《妖精学入門》　井村君江著（講談社現代新書）
《妖精事典》　Katharine Briggs 編著／平野敬一等人譯（冨山房）
《ロードス島戦記　シリーズ》　水野良著、安田均原案、出裕插畫（角川スニーカー文庫）
《ルーマニアの民話》　直野敦、住谷春也譯（恒文社）
《ルーマニア民話選》　直野敦譯（大学書林）
《錬金術》　Serge Hutin 著／有田忠郎譯（白水社）
《わかってきた　星座神話の起源　古代メソポタミアの星座》　近藤二郎著（誠文堂新光社）
《和漢三才図会》　寺島良安著／島田勇雄等人譯（平凡社）

後記

不僅是基督教，世界上有許多神話都將人類視為神所創造出來的特別生物。更不用說，能夠與人類對話溝通的種族就只有人類自己，因此人類總是給予自己特殊待遇。

「亞人種」則是介於當中的特殊存在。他們大多聽得懂人話，能夠與人溝通，外觀的基本要素會跟人類有某部分相同，只不過，他們有的擁有長耳朵與動物的器官這些明顯異於人類的要素，強調「我們是不同於人類的種族」。

有人說，過去歐洲相信亞人種確實存在，其實是對未知土地的嚮往與恐懼所創造出來的集體幻想。又或許，他們是無法跟非人種族交流的人類所創造出來的幻想鄰居。

這些「似人非人」的亞人種，在近年來的創作上依然不斷誕生新的種族。想必這些既近且遠的鄰居所居住的世界，今後仍會繼續擴張吧！倘若本書能吸引各位踏入奇幻人種的世界，這將是筆者莫大的榮幸。

密田憲孝　二〇一三年十一月

密田憲孝（Mitsuda Noritaka）

畢業於 Vantan 電腦情報學院（現：Vantan game academy)。隸屬 Writing team VERSUS。因接觸芬蘭史詩《英雄國》而一腳踏入神話與傳說的世界裡。平時亦從事遊戲攻略與 Fanbook 的寫作。

日文版工作人員
執筆　密田憲孝（VERSUS)、朱鷺田祐介、
　　　菊池紘平、福山峻、宮木冬子
編輯　TEAS 事務所
插畫　藤井英俊
內文設計　神田美智子
封面設計　筑城理江子

國家圖書館出版品預行編目資料

奇幻不思議！揭開傳說中亞人種的神祕面紗 / 密田憲孝，TEAS 事務所著；王美娟譯．-- 初版．-- 臺北市：臺灣東販，2015.01
面；　公分
譯自：ファンタジックヒューマン～幻想世界の亜人種大全～
ISBN 978-986-331-606-0(平裝)

1. 民間故事 2. 妖怪

539.5　　103024579

奇幻不思議！

揭開傳說中亞人種的神祕面紗

2015 年 1 月 1 日初版第一刷發行

作　　者　密田憲孝、TEAS 事務所
譯　　者　王美娟
編　　輯　楊麗燕、賴思妤（外發校稿）
美術編輯　張曉珍
發 行 人　齋木祥行
發 行 所　台灣東販股份有限公司
　　　　　＜地址＞台北市南京東路 4 段 130 號 2F-1
　　　　　＜電話＞(02)2577-8878
　　　　　＜傳真＞(02)2577-8896
　　　　　＜網址＞http://www.tohan.com.tw
郵撥帳號　1405049-4
新聞局登記字號　局版臺業字第 4680 號
法律顧問　蕭雄淋律師
總 經 銷　聯合發行股份有限公司
　　　　　＜電話＞(02)2917-8022
香港總代理　萬里機構出版有限公司
　　　　　＜電話＞2564-7511
　　　　　＜傳真＞2565-5539